Ana Dediu

The Four Graces
Poems

Book Preparation and Translation
By
Sophia Dediu

DERC Publishing House
Tewksbury (Boston), Massachusetts, U. S. A.

Ana Dediu – The Four Graces

Copyright ©2014 by Sophia Dediu

All rights reserved

Published and printed in the
United States of America

Library of Congress Cataloging in Publication Data

Ana Dediu
The Four Graces. Poems
Book preparation and translation by Sophia Dediu

ISBN- 978-1-939757-21-0

1-

Ana Dediu – The Four Graces

Editor's Note

How fresh, oh Lord, how sweet and clean are these poems! And what nice and historic photographs, from three continents (America, Europe and Asia), and spanning from this year to over 75 years ago!

Ana Dediu (1912 – 2010) was a professor of history, but worked in many different areas, and was very lyrically inclined, navigating that unusual intersection of artless business and very suave poetry. She had a distinctive ability to conceptualize the world around her, and to communicate it, through charming poems, to all of us. Virgil Dediu (1912 – 1986), her husband, an electrical engineer, helped immensely in creating a solid and prosperous family. His example inspired my aphorism: opportunities are anytime and anywhere, but only those who are looking for them and take them first, will harvest the rewards.

The efforts of Ana Dediu's daughter-in-law, Sophia Dediu, to prepare this book and to translate the poems, are truly magnificent.

What luxurious simplicity and infinite joy to read this fascinating book!

Michael M. Dediu

Tewksbury (Boston), USA, 20 November 2014

Ana Dediu – The Four Graces

Preface

Ana Dediu (June 30, 1912 – April 17, 2010) was a small girl who became a care giver to all her brothers and sisters (13 of them). She was a straight A student, a hardworking, diligent person, who never wandered from the straight and narrow path of good behavior, and she captured the heart of all members of her very large family.

The parents were proud of her and felt a certain amount of affinity for her. Besides the serious work, however, there was also some room for girlish mischief.
She was radiant and rident, but sometimes this rident expression was misunderstood, in certain occasions in her life.
She was a clement mother, grandmother and great-grandmother. We all heard her singing old, traditional, melancholic, love songs, on renowned poems.

Her life took numerous anfractuous paths, and most times lead her to beautiful summits.
During her life she saw developments in literature, architecture, philosophy, technology, science; all of which she admired and was interested to read about, becoming an analysand during her mature years, and most of all, she wrote a couple of verses – "verses for nothing" she called them.
She will write a history, or a romance, moral or poetical essays, and, while her performances remain with the language, she was a bel-esprit.

Sophia Dediu

Tewksbury (Boston), USA, 19 November 2014

Ana Dediu – The Four Graces

List of books from DERC Publishing House, which can be found on Amazon.com (author Michael M. Dediu):

1. Aphorisms and quotations – with examples and explanations
2. Axioms, aphorisms and quotations – with examples and explanations
3. 100 Great Personalities and their Quotations
4. Professor Petre P. Teodorescu – A Great Mathematician and Engineer
5. Professor Ioan Goia – A Dedicated Engineering Professor
6. Venice (Venezia) – a new perspective. A short presentation with photographs
7. La Serenissima (Venice) - a new photographic perspective. A short presentation with many photos
8. Grand Canal – Venice. A new photographic viewpoint. A short presentation with many photos
9. Piazza San Marco – Venice. A different photographic view. A short presentation with many photos
10. Roma (Rome) - La Città Eterna. A new photographic view. A short presentation with many photos
11. Why is Rome so Fascinating? A short presentation with many photos
12. Rome, Boston and Helsinki. A short photographic presentation
13. Rome and Tokyo – two captivating cities. A short photographic presentation
14. Beautiful Places on Earth – A new photographic presentation
15. From Niagara Falls to Mount Fuji via Rome - A novel photographic presentation
16. From the USA and Canada to Italy and Japan - A fresh photographic presentation

Ana Dediu – The Four Graces

17. Paris – Why So Many Call This City Mon Amour - A lovely photographic presentation
18. The City of Light – Paris (La Ville-Lumière) - A kaleidoscopic photographic presentation
19. Paris (Lutetia Parisiorum) – the romance capital of the world - A kaleidoscopic photographic view
20. Paris and Tokyo – a joyful photographic presentation. With a preamble about the Universe
21. From USA to Japan via Canada – A cheerful photographic documentary
22. 200 Wonderful Places, In The Last 50 Years – A personal photographic documentary
23. Must see places in USA and Japan - A kaleidoscopic photographic documentary

Ana Dediu – The Four Graces

List of books from DERC Publishing House, also on Amazon.com (editor Michael M. Dediu):

1. Sophia Dediu: The life and its torrents – Ana. In Europe around 1920
2. Proceedings of the 4th International Conference "Advanced Composite Materials Engineering" COMAT 2012
3. Adolf Shvedchikov: I am an eternal child of spring – poems in English, Italian, French, German, Spanish and Russian
4. Adolf Shvedchikov: Life's Enigma – poems in English, Italian and Russian
5. Adolf Shvedchikov: Everyone wants to be HAPPY – poems in English, Spanish and Russian
6. Adolf Shvedchikov: My Life, My Love – poems in English, Italian and Russian
7. Adolf Shvedchikov: I am the gardener of love – poems in English and Russian
8. Adolf Shvedchikov: Amaretta di Saronno – poems in English and Russian
9. Adolf Shvedchikov: A Russian Rediscovers America
10. Adolf Shvedchikov: Parade of Life - poems in English and Russian
11. Adolf Shvedchikov: Overcoming Sorrow - poems in English and Russian
12. Sophia Dediu: Sophia meets Japan
13. Corneliu Leu: Roosevelt, Churchill, Stalin and Hitler: Their surprising role in Eastern Europe in 1944
14. Proceedings of the 5th International Conference "Computational Mechanics and Virtual Engineering" COMEC 2013
15. Georgeta Simion – Potanga, Beyond Imagination, A thought-provoking novel inspired from mid-20th century events

Ana Dediu – The Four Graces

16. Ana Dediu: The poetry of my life in Europe and The USA

Ana Dediu – The Four Graces

Chapter 1: Mother's love

I dreamed of you

Last night I dreamed
That you came home
Used the bathroom to clean up,
Dried with the towels
And were all smiles.

I hear you saying
You were fat before
And temples white,
Now, Pupa Ana we see
That you are completely changed.
Your teeth are better,
Your hair is blond,
And instead of getting older
We see that you are younger!

But when I opened my eyes
I realized that was a dream!
All day I sang
That last night I dreamed of you!
January 19, 1978

Ana Dediu (left) and her son Mihai (9 months), July 1944, Caracal

Ana Dediu – The Four Graces

V-am visat

Astă noapte am visat
Că în casă aţi intrat
Şi la baie v-aţi spălat
Cu şervetul vă ştergeaţi
Şi la mine tot zîmbeaţi,

Şi din gur-aşa ziceaţi:
Erai grasă înainte,
Şi cu tîmplele albite
Dar acuma Pupa Ană
Vedem că eşti năzdrăvană,
Acum dinţii ţi-au crescut,
Părul galben s-a făcut,
Şi-n loc să-mbătrâneşti
Noi vedem că-ntinereşti!

Dar când ochii am deschis
Mi-am dat seama c-a fost vis!
Toată ziua am cântat
Că azi-noapte v-am visat!
19 Ianuarie 1978

Mihai Dediu (11 months 10 days), October 16, 1944

Ana Dediu – The Four Graces

Dreaming you came back

Last night I dreamed, I've dreamed of all of you.
O! If this night would not be gone!
It was like you came at dusk;
How nice! How long I waited!

And with questions you were overwhelmed
My eyes and my hands often touched you,
And you were alive as you were before you left
And lovingly surrounded us.

And as we walked down the street
So people see that you came to us!
And one neighbor asked me:
"It seems or it might not be so:

I noticed your children here."
"Yes, it's true! Indeed they came,
They missed places, and they were homesick.
With them they want to take us."

And when I came home again I hugged you all,
And I could not believe you were in front of me.
"And how was it there? I think that it was hard."
I was turning to them and again asking.

But my grandchildren, so cute
Grew up, now are some lads.
Ovidiu, I like how your hair is trimmed
And in height you're my equal.

I look at you so tenderly,
You have your mother's eyes and mouth.
Since early childhood when you started to talk

Ana Dediu – The Four Graces

Pupa Ana you called me, and the name stuck!

And now I was revolving in the same space
My mind's eye sees Horace
O, my tiny boy how big you are now
With your gentle blue eyes at me you look.

Come to Pupa Ana to kiss your
Hands, ears, hair and forehead.

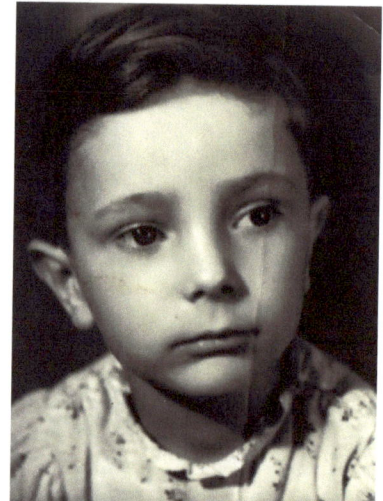

Mihai Dediu (4 years), 1947

Mihai Dediu (6 years), 1949

Ana Dediu – The Four Graces

Am visat că v-ați întors

Astă noapte-n vis, pe toți eu v-am visat.
O! dacă noaptea asta nu s-ar fi terminat!
Se făcea c-ați venit pe-nserat;
Ce bine ați făcut! Ce mult v-am așteptat!

Și cu-ntrebările eu nu mai pridideam
Cu ochii și cu mâna mereu vă pipăiam,
Și erați vii în carne, așa orecum erați
-nainte de plecare; cu drag ne-nconjurați.

Și cum mergeam pe stradă și cum mergeam pe jos,
Ca lumea să vă vadă că la noi voi ați fost!
Și câte o vecină parcă mă-ntreba:
"Nu știu, mi s-a părut sau o fi chiar așa:

Pe copii matale eu parcă i-am zărit"
"Da, nu e o părere! Chiar așa e, au venit,
Că le-a fost dor de locuri, că le-a fost dor de casă.
Cu ei vor să ne ducem, c-aici nu ne mai lasă."

Și când veneam acasă eu iar vă-nbrățișam,
Și nu-mi venea să cred că-n față vă aveam.
"Și cum a fost acolo? Cred că a-ți dus-o greu."
Mă întorceam spre dânșii și-i mai întrebam eu.

Dar nepoții mei, atât de drăgălași
Au crescut mari, acum sunt niște flăcăiași.
Ovidiule, îmi placi cu părul așa tuns
Iar ca înălțime pe mine m-ai ajuns.

Te privesc așa cu multă căldură,
Că semeni cu mama la ochi și la gură.

Ana Dediu – The Four Graces

Că tu din pruncie când te-ai desfăşat
Pupa Ana mi-ai zis, aşa m-ai botezat!

Ş acum mă-nvârteam în acelaşi spaţiu
Eu cu ochii minţii îl văd pe Horaţiu
O, măi puişor ce mare mai eşti
Cu ochii tăi albaştrii ce bland mă priveşti.

Vin la Pupa Ana ca să te sărute
Pe mâini, pe urechi, pe păr şi pe frunte.

Mihai Dediu (4.5 years), May 9, 1948
Bucharest, The Romanian Archives courtyard (near the Mihai Voda Monastery (1594, founded by Mihai the Brave (1558 – 1601), with the parochial house (back)).

Ana Dediu – The Four Graces

Lioness

And I loved you as the lioness
Loves its young,
Endangers her life,
To protect them from evil.

And when it became stronger,
And its teeth have grown
She sends it to hunt,
And it vanishes.

It struggles heroically,
It wants to live,
The parent no longer meets
All its life.

But man against nature,
A law launched,
And against of the nature's law,
The young must:

Care for the parents
When they become old,
To help them with the chores,
Hold their hands as support.

But children involuntarily,
Look at their future
Feeling a great need
And the old parents aren't on their view.

Every living thing,
Is not out of it,
Each of them is liable,
For the descendants of the species.

Ana Dediu – The Four Graces

For nothing is lost
From the old that's rotten
And what is not seen
Just slides in infinity.

And nothing is gained,
From what new was born,
But it is a link,
From infinity seen.

And so it transforms,
Nothing gets lost,
But just take another form,
In a unique circuit.

June 20, 1979

Ana Dediu and her son Mihai, Bucharest, 1948
The Romanian Archives courtyard (near the Mihai
Voda Monastery (1594, founded by Mihai the Brave
(1558 – 1601)).

Ana Dediu – The Four Graces

Leoaica

Şi te iubeam precum iubeşte,
Leoaica puiul său,
Viaţa îşi primejduieşte,
Să-l ferească de rău.

Iar când el s-a întremat,
Şi dinţii i-au crescut
Îl trimite la vânat,
Şi-l face nevăzut.

El se luptă voiniceşte,
Ca să trăiască vrea,
Părinţii nu-i mai întâlneşte,
Toată viaţa sa.

Dar omul contra naturii,
O lege a lansat,
Şi-npotriva legii firii,
Copilu-i obligat:

De părinţi grijă să aibă,
Atunci când sunt bătrâni,
Să-i ajute şi la treabă,
Să-i sprijine de mâini.

Dar copii fără voie,
Înainte privesc,
Şi simt o mare nevoie,
Urmaşii nu îngrijesc.

Căci orice vieţuitoare,
Nu-i în afara ei,
Fiecare e datoare,
Cu urmaşii speciei.

Ana Dediu – The Four Graces

Căci nimica nu se pierde
Din vechiul putrezit
Din ceea ce nu se vede
Doar trece-n infinit.

Și nimic nu se câștigă,
Din ce nou s-a născut,
Ci doar este o verigă,
Din infinit văzut.

Și astfel se transformă,
Nu se pierde nimic,
Ci doar ia o altă formă,
In circuit unic.

20 Iunie 1979

Ana Dediu – The Four Graces

Forever

That for the wild, terrible ideal
You left your native land forever
So much I suffer here every day
More that no one can understand.

And if I'd have countless voices
To express my unhappiness, to tell all my venom
That you stopped there on a distant shore
And you'll not come home to see you again.

That to whom life I gave myself,
For the rest of my life forever he left.
I let you know that the spring of my tears dried,
That I am withered of grief and longing.

Now, when you are in the country so far,
I remember you deeply trembling,
The night's life is deep and the winds cry
You filled my heart today in despair.

Let the years pile dozens and dozens!
Me living I owe you forever
Soon my tired spirit will fly into nothingness,
Weary bones will be incinerated.

But your great memory I will keep still,
When this heart will be turned in ashes,
The great memory will not be to lost ever
The night time no one will measure.

Successful be your fate, continually giving you
A peaceful life, better than mine,
Because the Fortuna harshly punished me

Ana Dediu – The Four Graces

There is no measure of my sorrow!

Now, I find that forever,
I leave this earth, my parental place.

Ana Dediu (center), son Mihai (left), Aurelia Gherasim
(right, older sister of husband Virgil Dediu)
1948, Tibucani (birth place of Virgil Dediu)

Ana Dediu – The Four Graces

Pentru totdeauna

Că pentru ne-nblânzitul, cumplitul ideal
Ai părăsit pe veci pământul tău natal
Atât de mult eu sufăr aicea zi de zi,
Mai mult decât oricine își poate-nchipui.

Virgil Dediu and son Mihai, August 1955, Govora

Și guri nenumărate dac-aș avea, nu pot
Să-mi spun nefericirea, să-mi spun veninul tot
Că te-ai oprit acolo pe-un țărm îndepărtat
Și n-o să vii acasă, să te mai văd odat.

Că acela cărui viață eu i-am dăruit,
Pe tot restul vieții, pe veci m-a parasite.
Să știi că mi-a secat al lacrimilor izvor,
Că mă usuc aice de jale și de dor.

Acum, când ești în țara atât de depărtată,
Îmi amintesc de tine adânc cutremurată,
Adâncă-i noaptea vieții și vânturile plâng

Ana Dediu – The Four Graces

De tine plin mi-i astăzi al inimii adânc.

Adauge-se anii, la număr, zeci şi zeci!
De mai trăiesc, doar ţie îţi sunt datoare-n veci,
Curând, truditu-mi spirit în neant va zbura,
Ciolanele trudite le vor încinera.

Virgiliu, son Mihai and Ana Dediu, 1955, Herastrau Park, Bucharest

Dar marea amintire ţi-o voi păstra oricum,
Când inima aceasta se va preface-n scrum,
Doar marea amintire n-o va-nghiţi vreodat
În noaptea bisnică timpul de nimeni măsurat.

Prielnici fie-ţi sorţii, necontenit să-ţi dea
O soartă mai ticnită, mai bună ca a mea,
Căci pe mine Fortuna mă pedepseşte crunt
Nu sunt închipuire osândele ce-nfrunt!

Căci pentru totdeauna, acum eu găsesc,
Că părăsesc pământul acesta părintesc.

Ana Dediu – The Four Graces

Mihai Dediu, 1947, Bucharest Kingergarden

Ana Dediu and son Mihai, 1949, Cişmigiu Garden, Bucharest

Son Mihai and Ana Dediu, 1956

Ana Dediu – The Four Graces

I don't know

I don't know what I did wrong,
How I upset you,
That you left me forever,
And you ever forgave me.

Nu ştiu

Nu ştiu cu ce am greşit,
Cu ce te-am supărat,
Că pe veci m-ai parasite,
Şi-n veci nu m-ai iertat.

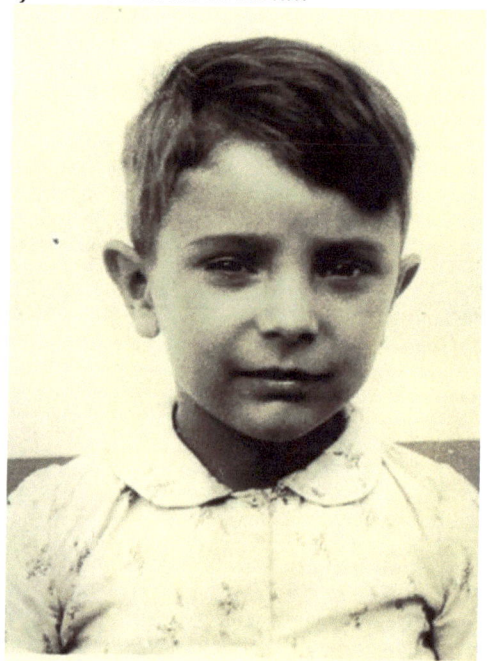

Mihai Dediu, 1949

Ana Dediu – The Four Graces

Chapter 2: My grandchildren

Wonderful childhood of my grandchildren

By your empty house
I have passed sometime
Because this was my luck
To be losing you.

And I pass increasingly rare
Maybe I can forget you,
But it is in vain
I love you even more.

And how nice it was when
When you met me here,
When I was greeted by two angels
With love and joy.

And then we went all
There on the balcony
I was playing with my grandchildren,
I was Robinson.

And then Ovid was hiding.
"Where are you hidden?"
And he sat ducked
Quiet and unmoved.

And Horaţel also
Crawling on the floor,
Then walking hidden some place,
Never wanted to come out alone.
When the grandchildren have grown
Swimming lessons took.
They liked it so much,

Ana Dediu – The Four Graces

Outside, ready were waiting for me.
And when crossing the street
They took my hands,
So I'll be safe crossing
And the left side watching.

Then came the roller skates time,
Which was our gift for them.
In two days' time,
They became experts.

And when they play in the swing
I was getting dizzy,
They went up in the sky,
Coming down swiftly.

And then in the Youth Park
We, the three, of us went,
And we approached discreetly
To a high bridge upraised.

And some cars were moving
With an infernal noise
Shaken the bridge's hinges
It was phenomenal!

Ana Dediu (left), grandson Horatiu, Sofia, Virgil and grandson Ovidiu, August 25, 1968

Ana Dediu – The Four Graces

Minunata copilărie a nepoților mei

Pe la casa ta pustie
Eu tot am mai trecut
Căci așa mi-a fost dat mie
Ca să te fi pierdut.

Și trec din ce în ce mai rar
Ca să pot să vă uit,
Dar totul este în zadar
Vă iubesc tot mai mult.

Și ce frumos era atunci
Când aici vă găseam,
Când mă întâmpinau doi prunci
Cu drag ne veseleam.

Mihai Dediu with sons Ovidiu (left) and Horatiu, December 7, 1968

Ana Dediu – The Four Graces

Şi ne duceam apoi cu toţii
Acolo pe balcon
Eu mă jucam cu-ai mei nepoţi
Eu eram Robinson.

Şi-apoi Ovidiu s-ascundea.
"Unde s-o fi ascuns?"
Şi aşa ghemuit şedea
Fără să dea răspuns.

Iar Horăţel se pitula
Şi se târa pe jos,
Apoi în două picioare intra
Şi nu se lăsa scos.
Când mari nepoţii au crescut
Înotul învăţau
Îmi era aşa de plăcut
Că-n colt mă aşteptau.
Iar strada când traversam
De mână mă luau,
Ca nici o grijă să nu am
În stânga se uitau.

Şi când patine cu rotile
Cu drag le-am dăruit
Nu au trecut nici două zile
Cu ele au fugit.

Iar când în leagăn s-aruncau
M-apuc-ameţeală
Că pîn-la ceruri s-avântau
Coborau cu iuţeală.

Şi-apoi în parc la tineret
Noi cu te-trei ne-am dus
Şi ne-am apropiat discret

Ana Dediu – The Four Graces

De-un pod ridicat sus.

Şi circulau nişte maşini
Cu-n zgomot infernal
Zgâlţâiau podul din ţâţâni
Era fenomenal!

Grandmother Ecaterina Gheonea (left), Ovidiu, Horatiu, Sofia Dediu, 1968

Sofia Dediu with sons Horatiu (left) and Ovidiu, August 25, 1968.

Ana Dediu – The Four Graces

Unrepeatable adventure at the zoo

We chose a great day and extraordinary up to the sky;
I could see the shaking heat moving in the distance.
The Sun was lighting with so much intensity,
That I had my eyes open only half.

And even among through the eyelashes you could not look,
Millions rays heat you like spears,
They came from the blue sky so plentifully,
Penetrating even your eyelids and pierce your orbit.

Tightening the eyes or closing them altogether,
The Sun was rapping the eyelids and seemed like fire.
We rushed with the tram,
And drove to Băneasa forest, the cool place.

At the Zoo we liked to go;
Animals of all kinds we liked to visit.
After we saw camels, zebras, deer and some ostriches,
In a closed corral were many ponies.

And a bunch of kids who surrounded them,
Were very vocal and loud rejoiced
That they could touch a real horse,
Which is alive, moving and let be ride.

"Please, Bubu, from soul we pray,
Make us a surprise! Allow us to enter.
Never in our lives on a horse had we ridden!
Come on! Let us try, and see how it will be? "

At such a request who would resist,
He bought tickets and they hastily entered.
Each of the horses stood quietly, patiently

Ana Dediu – The Four Graces

Each and the children were supervisors.

Ovidiu sees one larger and reddish,
It was free and jumped on it and rode it.
And it seemed, for a moment, that's on a colossal horse,
And at every turn the horse became impetus
But suddenly it stopped, on the place it left,
Shortly before because the race was over.

Horace, being smaller chose a whitish one,
The smallest of all, which seemed a bit bored.
And he looked around now, as it was up on the horse,
Watching us from above, from the horse's back.

I see that does not want to start
Was knocking the ground on the same place.
Proud rider easily tugged hard on the horse
Smiling at the thought that he got a playfully horse.

Standing with its head down and once abruptly
Flings its feet high and launches a snicker.
Horăţel is devastated, but holds on it strongly,
And does not know why the horse is angry.

The horse still jumps and flings its hind legs
We see that it flings them up beating the air.
Unsteadily moves all neigh and so loose,
Threw the horseman down from its back!

And slows down now, it quenched its will,
Tossing in the Earth's dust its rider!
But I didn't even have time to say a word,
Horace just jumped up in his place!
The pony perceived that the little rider,
Is very ambitious, is not a silly boy,
And it can get away until he gets his ride,

Ana Dediu – The Four Graces

And scuttle running as someone would chase it!

It had such nimble feet as strings and,
Made with them small and fast steps.
Just when he was perched right in his saddle,
The balky horse stopped ... unannounced.

"How beautiful! Is great to go riding!
But I think it's much better on a longer distance!"
So spoke our blond Horăţel, laughing:
"What you thought that I was small and stupid?
How could you believe that I would quit,
As a horse to trick me?
And I will remain there in the dust thrown down,
By who? By a small pony so stunted?
Even if I would not rise up again, to remain down there.
But to know that I was sprawled by a real horse."

Horace Dediu, April 26, 1969

Ana Dediu – The Four Graces

And he didn't say a word, maybe was hurting,
A tear was not given, not even a whimper.
And Ovidiu, big heart, at home didn't say a word
On all the events, but only that: they rode.
And father told them something like this:
Look, I, in my whole life
Such a thing didn't try,
You, just now, surpassed me!
1979

Ovidiu (left) and Horatiu Dediu, April 26, 1969

Ana Dediu – The Four Graces

Nerepetabila pățanie la Zoo

Alesesem o zi mare și înaltă pân-la cer;
Vedeam cum tremură căldura, cum se mișcă în eter.
Soarele lumina tare cu așa intensitate,
Că ochii deschiși i-aveam numai doar pe jumătate.

Și nici măcar printre gene nu puteai ca să te uiți,
Raze multe, milioane te-npungeau ca niște suliți,
Veneau din cerul albastru așa cu nemiluita,
Pătrundeau chiar printre pleoape și îți străpungeau orbita.

De strângeai mai tare ochii sau de-i închidea-i cu totul,
Soarele bătea-n pleoape și părea mai roș ca focul.
Cu tramvaiul la Șosea am pornit în graba mare,
Și cu mașina spre Băneasa în pădure, la răcoare.

La grădina Zoologică ne plăcea ca să venim;
Animale de tot felul ne plăcea ca să privim.
După ce-am văzut cămile, zebre, cerbi și niște struți,
Chiar într-un ocol închiși erau mulți căluți.

Și o droaie de copii care îi înconjurau,
Făceau mare gălăgie și tare se bucurau,
Că puteau să puie mâna pe un cal adevărat,
Care-i viu, care se mișcă și se las-ncălecat.

"Hai Bubule, din suflet noi te rugăm,
Fă-ne și tu o surpriză! Lasă-ne ca să intrăm.
Niciodată-n viața noastră pe un cal n-am mers călare!
Hai! Ne faci o bucurie să vedem cum o fi oare?"

La așa o rugăminte cine ar fi rezistat,
El le-a cumpărat bilete și ei grabnic au intrat.
Fiecare din căluți stăteau cuminți, răbdători

Ana Dediu – The Four Graces

Fiecare și copii aveau supraveghetori.
Ovidiu vede pe unul mai mare și mai roșcat,
Era liber și pe dată el l-a și încălecat.
Și i s-a părut o clipă că-i pe un cal năzdrăvan,
Că la fiecare tură calul, își lua elan…
Dar deodată s-a oprit, ajuns de unde plecase,
Cu puțin timp înainte căci … cursa se terminase.

Horațiu mai mititel și-a ales un spălăcit,
Cel mai mic din toți căluții, ce părea cam plictisit.
Și se uita împrejur cât era acum de mare
Ne privea acum de sus, din a calului spinare…
Văd că nu vrea să pornească, și văd că n-o ia din loc,
Că bătea mereu pământul și bătea pasul pe loc.
Călărețul mândru tare îl trăgea ușor de hăț,
Și parcă zâmbea la gândul că are-un cal șugubăț.
Stătea cu capul în jos și-odată pe neașteptat,
Cu picioarele azvârle și sloboadă-un nechezat.
Horățel e zguduit, dar se ține-n șa vârtos,
Și nu știe de ce oare calul-i așa mânios.
Dar el se tot vânzolește și picioarele din spate
Vedem că-n sus le azvârle cu ele aerul bate.
Se zbuciumă, tot nechează și așa dezlănțuit,
Călărețul din spinare la pământ l-azvârlit!
Ș-apoi se mai potolește că-așa după vrerea lui,
A trântit pe călăreț în colbul pământului!
Dar nici n-am avut timp măcar o vorbă să-i spun,
Că Horațiu a sărit tocmai sus, la locul lui!
Ponny-ul a priceput că micuțul călăreț,
Îi tare ambițios, nu-i așa un nătăfleț,
Și că el nici n-o să scape până nu l-o călări,
Și-o luă la sănătoasa ca și cum l-ar fugări!
Avea niște piciorușe subțirele și-așa iuți,
Făcea cu ele pașii tare repezi și mărunți,
Tocmai când era mai bine în șeaua lui cocoțat,

Ana Dediu – The Four Graces

Căluțul cel nărăvaș s-a oprit …inopinat.
"Ce frumos! e minunat ca să mergi Pupă călare !
Dar cred că e mult mai bine pe o distanță mai mare!"
Așa a grăit râzând blondul nostru Horățel,
"Ce voi mă credeați și prost dacă eu sunt mititel?
Cum voi vă închipuiați că eu aveam să mă las,
Ca de un așa cal ca el să fiu eu pe sfoară tras?
Și c-o să rămân acolo, în țărână jos trântit,
De cine? De un poney așa mic pipernicit?
Chiar de nu m-aș mai scula, să rămân acolo lat.
Dar să știu că sunt trântit de…un cal adevărat."
Și n-a spus nici un cuvânt poate-a fost lovit,
O lacrimă nu i-a dat, nici măcar un smiorcăit.
Și Ovidiu suflet mare acasă n-a povestit
Toate cele întâmplate, ci doar că: au călărit.
Si tata le-a spus cam așa:
Uite eu în viața mea
Acest lucru n-am făcut,
Voi de pe-acum m-ați întrecut!   1979

Sofia Dediu and sons Ovidiu and Horatiu Dediu, July 19, 1968, Eforie

Ana Dediu – The Four Graces

Waiting to meet them

And non-stop the horizon I combed,
For the two of them waiting.
I came in their way,
At the laps of rocks.
And we met in the evening,
When the train left the station.
Alas, poor Horățel,
He couldn't do it no more;
To go one whole day
In the heat is not for joking!
He was black, and dusty,
But much pleased,
That he saw beautiful places
And even dangerous!
A he crossed on a small bridge,
As a very small board,
Over a cliff a chasm
One would have fainted!
Mother, Mother deep it was.
Even Bubu was afraid
That the bridge would break!
Underneath was a ravine
And they climbed the cliffs,
How many things they faced!
They were thrilled,
No snake they met.
Up to Bicaz they went,
To the Dam up there.
And if we didn't meet,
To the station went.
And they came to Piatra Neamț,
Where the mountains are chained,
And we went to the deer fountain,

Ana Dediu – The Four Graces

To drink from the spring for the last time,
From its mouth the cold water
What quenches your thirst!
Water from the swift sources,
Which cannot be forgotten.
Water as you never drank
In the life since you've been born!
And we said goodbye,
And went on the road again!

1979

Mihai Dediu and sons Ovidiu (left) and Horatiu,
December 7, 1968

Ana Dediu – The Four Graces

Așteptarea și întâlnirea

Și zarea mereu scrutam,
Pe cei doi îi așteptam.
Am pornit în calea lor,
Pe la poala stâncilor.
Și ne-am întâlnit spre seară,
Când pleca trenul din gară.

Ana Dediu, Horațiu (left, first steps, 1year), Ovidiu,
February 23, 1969.
Vai, săracul Horățel,

Ana Dediu – The Four Graces

Nici nu mai putea de fel,
Ca să meargă o zi-ntreagă
Pe căldură, nu-i de şagă!
Era negru, prăfuit,
Dar şi tare mulţumit,
C-a trecut locuri frumoase,
Ba chiar şi primejdioasa!
C-a trecut pe-o punte mică,
Aşa cât o scândurică,
Pe-o prăpastie ş-un hău,
Ţie ţi-ar fi venit rău!
Mamă, mamă ce adâncă,
Şi lui Bubu-i era frică..
Puntea-i gata să se rupă,
Dedesubt era o râpă…
Şi pe stânci s-au căţărat,
Câte-au mai întâmpinat!
Pe unde s-au zbenguit!
Dar şarpe n-au întâlnit!
Pân-la Bicaz s-au dus,
La baraj acolo sus.
Şi dacă nu ne-au găsit,
Spre gară ei au pornit..
Şi-au ajuns la Piatra Neamţ,
Unde munţii se ţin lanţ..
Şi ne-am dus la căprioară,
Şi-am băut ultima oară,
Din gura ei apă rece,
Care setea-ţi potoleşte!
Apă din izvoare iuţi,
Pe care nu poţi s-o uiţi.
Apă cum n-ai mai băut.
Decând mama te-a făcut.
Şi ne-am luat rămas bun,
Ş-am plecat iarăşi la drum!
1979

Ana Dediu – The Four Graces

Bistrita

Bistrița now is wide,
That's in a lake enclosed.
It does not have big waves
With floats and sinks!
And the whirling currents,
Changed now in Watts!

Grandpa looks with melancholy,
At the High School Petru Rareș
Which he attended,
And in Bistrița bathed!

1979

Bistrița

Bistrița acum e lată,
Că-i îi lac acumulată.
Nu mai are valuri mari,
Cu plute și tapinari!
Iar curenții învolburați,
Se prefac acum în Wați!

Bunicul se uită galeș,
La Liceul Petru Rareș,
Unde el a învățat,
Și-n Bistrița s-a scăldat!

1979

Ana Dediu – The Four Graces

For Bicaz

How beautiful was the lake,
For your sake was bigger!
When the sun shone,
It marveled at the lake,
That's the manmade miracle
It wasn't Lord's doing.
And it was bluer,
I could not look in it;
My eyes could not bear,
Too much blue was.

And I started slowly,
Below I saw a boat.
When at once, Ovidiu jumps
As if got burned legs!
When I look closer,
He stepped on a snake!
Which from a gaping mouth,
Showed its split tongue,
And the head straight at him,
And continually swayed,
Fix looked at him,
And hissing drove!
I instantly froze,
My mouth was stuck,
My heart froze
My mouth was clenched,
And an icicle cold
Through my loins spinal pass!
To a man who was rushing up
I could whisper:
Look, here, not too far away,
It is a snake.
He brought some men

Ana Dediu – The Four Graces

And they all came armed
With what they had,
And they killed the brute.
It was four feet long,
And black as the oil.
Once it stopped moving,
On the tree they hung it.
I looked down to Ovidiu,
He watched just curious.
"Wow, what happened?
Did it bite you?"
"No Pupa! I have nothing.
Why are you frightened? "
I stepped on something soft,
And then when I looked
I saw that was moving.
Showing its tongue at me.
I've never seen such thing
In all my life!"
"Let's hurry downhill
I just stepped on something soft."
Alas, what a trouble,
Is only the Bicaz's fault!
But a man was shouting loud
"Don't you worry grandma,
Just like it is said in our folk:
That this a good sign
Who steps on a snake
Will become a great man."
And he looked so nice
To the brave child
Who didn't get scared
Didn't say a single word
A fearless child
As he didn't see before!
1979

Ana Dediu – The Four Graces

Spre Bicaz

Şi ce frumos mai era lacul,
De-ţi era mai mare dragul!
Soarele cum strălucea,
De lac tot se minuna,
Că-i minunea omului,
Nu-i opera Domnului.
Şi era albastru mult,
De nu puteam să mă uit.
Ochiul meu nu suporta,
Prea mult albastru era.

Şi-am pornit încetişor,
Că jos era un vapor,
Când, de-odat-Ovidiu sare,
Parcă l-a ars la picioare!
Când mă uit eu mai aproape,
El călcase pe un … şarpe!
Care cu gura căscată,
Şi cu limba despicată,
Capul spre el şi-ndrepta,
Şi mereu îl legăna,
Fix la dânsu se uita,
Şi un şuierat scotea!
Eu pe loc am înlemnit,
Gura mi-a înţepenit,
Inima mi-a îngheţat,
Gura mi s-a încleştat,
Şi-un sloi de gheaţă rece,
Prin şira spinări-mi trece!
Se urca un om grăbit
Căruia eu i-am şoptit:
Uite aicea nu departe,
Vedeţi că este un şarpe,
S-a dus la nişte bărbaţi,

Ana Dediu – The Four Graces

Şi-au venit toţi înarmaţi,
Cu ce-aveau la-n demână,
Şi-au omorât pe jivină.
E lung de un metru şi ceva,
Şi negru ca păcura.
După ce n-a mai mişcat,
În copac l-au atârnat.
La Ovidiu m-am întors,
El privea doar curios.
"Vai de mine cea-i păţit?
Nu cumva te-a încolţit?"
"Nu Pupă! Nu am nimic,
De ce te-ai îngălbenit?"
"Pe ceva moale am călcat,
Şi când apoi m-am uitat
Am văzut că s-a mişcat.
Limba la mine scotea,
N-am văzut aşa ceva!
Pân-atunci în viaţa mea!"
Hai mai repede la vale,
Că doar am călcat pe moale.
Vai de mine ce necaz,
Bată-l focu de Bicaz!
Dar un bărbat strigă tare:
"Nu-i nimica mamare
Că-n popor la noi se spune
Că aista-i sămn de ghini
Cine pi şărpe-o călcat
Va fi un mare bărbat."
Şi-l privea aşa frumos
Pe copilul curajos
Nu s-o spăriet de fel
N-a scos nici un cuvinţel
Un copchil chiar fără frică
N-am văzut pan-acu încă!
1979

Ana Dediu – The Four Graces

The attic

We went to Țibucani
Below the Fagan's hill,
On a paved road,
On which the car flies and jumps.
It's full of wedding guests,
Joyfully and with musicians,
All sing aloud,
With the driver himself
Who said: "The drink gives me courage,
And always keeps me up!"
How much fear I had,
With the drunken driver!

I was luck, we escaped.
At the gate we're waited
By Louise, John and Lia
Came out also Aurelia
For the grandchildren she didn't see,
Where Bubu was born,
They came here in the village,
Now for the first time.

Țibucani is a rich village
Mostly long than wide,
With more rainy days,
Than bright ones.
The cold harder squeezes you,
While the heat never bothers you.
It has good working people,
Brigadiers and foresters.
The houses are beautiful,
Clean and good looking.
They have tall gates,
That the forest is close.

Ana Dediu – The Four Graces

But the village is famous
And its name came from
Țibă – stony purple onion
Tasty eating onions
Grown from large seeds
Variety we rarely find.

And as we talk,
About the weather, or the Țibă
Aurelia looks around,
She even makes a tour;
She looked through the backyard,
Ion checks the orchard,
But the children didn't see,
Nowhere to be found.
Well! Where the hell would be
Where are they hidden?
But they heard some giggling,
From somewhere laughs.
He sees that his ladder
Brought from another place to the attic.
Where she sees them there
Playing with the walnuts.
And throw into one another
Sunken in the wheat until their waist.
And there was high heat,
They all were wet of sweat,
Which was running
With the dust together.
And they were dirty on hands and face
And the dust was as a haze.
Brought down from attic
Where sternly reprimands:
"Louise! You are the evil's head,
They did not go on their own!"
The girl was told by father,

Ana Dediu – The Four Graces

"The boys did not know,
How to go up!"
"Yes! But they helped me",
That she was taught never
To be guilty,
The ladder we've moved."
To take cruel punishment
She would have been enchanted.
We ran faster to help,
The punishment they escaped.
All of them have been sparkly cleaned,
And then all was forgotten.
Perhaps I succeeded
And the attic you remembered!
To blame others in the end
They to be the guilty ones!

1979

Mihai and Sofia Dediu, with sons Ovidiu (left)
and Horațiu, January 14, 1970

Ana Dediu – The Four Graces

Podul Casei

Şi-am plecat la Ţibucani
Mai jos de dealul Făgani,
Pe şoseaua asfaltată,
Maşina zboară şi saltă;
Că e plină de nunţaşi,
Veseli şi cu muzicanţi,
Toţi cântă în gura mare,
Cu şoferu-n frunte care
Zice: „Băutura-mi dă curaj,
Şi mă ţine mereu treaz"!
Câtă spaimă am avut,
Cu şoferul cel băut!

Ce bine că am scăpat,
La poartă ne-au aşteptat
Luiza, Ion şi Lia,
A ieşit şi Aurelia,
Căci nepoţii nu văzuse,
Unde Bubu se născuse,
Ei veneau aici în sat,
Acum pentru prima dat.

Ţibucani i-un sat bogat,
Mai mult lung decât lat,
Cu zile mai mult ploioase,
Decât zile luminoase.
Frigul mai tare te strânge,
Căldura nu prea te-ncinge.
Are oameni gospodari,
Brigadieri şi pădurari.
Şi casele sunt frumoase,
Curate şi arătoase.
Au şi nişte porţi înalte,
Că pădurea e aproape.

Ana Dediu – The Four Graces

Dar satul e renumit,
Și numele i-a venit,
De la Țibă – vânătă pietroasă,
Ceapa l-a mâncat gustoasă.
Din sămânță mare crește,
Soi ce rar se întâlnește.
Și așa cum stam de vorbă,
Despre vreme, despre țibă,
Aurelia privește-n jur,
Ba chiar face ea un tur;
Se uită și prin ogradă,
Ionică prin livadă,
Dar copchii au cherit,
Nicaieri nu-s de găsit.
Ei! Bată-i toaca să-i bată,
S-or fi ascuns prin poată.
Dar s-aud ei chicotind,
S-aud undeva râzând.
Vede el scara că-i pusă,
Din alt loc la pod adusă.
Când se urcă-i vede aici,
Zburătucindu-se cu .. nuci.
Și aruncă-ntr-una grâu,
Înfundați până la brâu.
Și-i aici căldură mare,
Ei sunt toți uzi de sudoare,
Care le curge șiroaie,
Pân-ce colbul îl moaie,
Și-s mânjiți pe mâini pe față,
Iar colbul parcă-i o ceață…
Îi dă jos din pod îndată
Și cu asprime îi ceartă:
-Luiza! Ești capu răutăților,
Nu s-au dus ei de capul lor!
Îi zice tata fetiței,
Că doar nu știau băieții,

Ana Dediu – The Four Graces

Nici n-aveau de unde ştie,
Tocmai în pod să se suie!
-Da! dar ei m-au ajutat,
Că aşa era-nvţată,
Să nu fie vinovată,
Scara la pod de-am mutat…
Şi să ia bătaie crudă,
Ea să le facă-n ciudă.
Noi repede am alergat,
De bătaie i-am scăpat.
I-am pus pe toţi la spălat,
Ş-apoi totul s-a uitat.
Poate că am reuşit
Şi de pod v-aţi amintit!
Ca să dea vina pe alţii,
Ei să fie vinovaţii!

1979

Ovidiu and Horaţiu Dediu, January 14, 1970

Ana Dediu – The Four Graces

The cousins

The day was cool and rainy
The children were in the house,
They had toys
All three to play together.

But two hours passed,
I'm going to see how is going.
When there I see them complaining
With swollen eyes from crying.
I ask: "what's wrong with you?
Why are you both weeping?"
But this was the answer,
I'm laughing in myself:
"Louise always beats us,
Over hands and back!"
"I beat them because they don't listen,
And they are mean to me!
What do they think?
That here they can do only what they like?
Here they're not by themselves,
To do what they want!
And they need to know that
At school no one beats me!
I shake them all,
Inclusive those from seventh grade!
If you don't do what I say,
Worse than that, I'll beat you!"
Louisa's loud and angry
And shaking nervously.
"Well, let them alone they're small,
And you're just like them!"
I said.
"You are so friendly,

Ana Dediu – The Four Graces

Just as some crinkle".
And Ovidiu tells me sobbing:
"Pupa do you think
That we have no power?
But when you touch her she's roaring
And her grandmother comes
And she doesn't believe me!
Louise is always correct
Because she's the minority.
And besides that, she's a girl.
We let her beat us."
We stayed a few more days,
And she'll remember
That she was unfriendly
And beat us at her home.
And we from Țibucani
When we were 8-9 years of age,
We'll remember that one cousin,
While raining hard out,
One summer, really
She beat both of us!
We the cousins from afar
Won't forget
The funny story
From our sweet childhood,
That once - in a summer
When they first saw each other,
The cousin beat them bad
But for the last time!
We've left from Țibucani.
When the sun was rising on the Fagan's hills.
The air was cool,
The fields are pretty,
The air is clean
And good for the lungs

Ana Dediu – The Four Graces

The grandchildren sleepy
Were very happy,
That they'll go away in the car
Each of them in a seat.
I liked to look ahead,
Cherries were guarding the road.
We pass through several villages,
All cheerful and clean.
Now we can look in peace,
No one was singing.
And the rested driver,
Gave us a save trip.

Looking back a bit,
A tear tries to come down,
A lump climbed in my throat,
But fast I forget and I swallow it!

October 1979

It happened in 1975 when we went in visit to Țibucani with our grandchildren Ovidiu and Horațiu for the first and last time.

Ana Dediu – The Four Graces

Vara şi verişorii

Era o zi tare ploioasă,
Copii stăteau în casă,
Că aveau jucării,
Să se joace cu-te trii.

Dar vreo două ore trec,
Eu mă duc ca să-i mai cerc.
Când colo-i văd bosumflaţi,
Cu ochii de plâns umflaţi.
Îi întreb: "Da ce-i cu voi?
De ce plângeţi amândoi?"
Dar aşa a fost răspunsul,
Că mă şi bufneşte râsul:
"Luiza mereu ne bate,
Peste mâini şi pe la spate!"
"I-am bătut că nu m-ascultă,
Şi îmi fac mereu în ciudă!
Ce cred ei? C-aici pot face?
Numai ceea ce le place?
Nu-s aici de capul lor,
Să facă numai ce vor!
Şi să ştiţi voi că pe mine
La şcoală nu mă bate nime,
C-aşa-i ieu la scuturat,
Şi pe cei de-a şăpte-i bat!
De nu faceţi cum zic eu,
Vă bat încă şi mai rău!"
Luiza-i tare mânioasă
Şi tremura de nervoasă.
"Ei lasă-i că-s mititei,
Şi tu eşti la fel ca ei!"
Am zis eu.
Voi sunteţi aşa domoli,
Chiar ca nişte mototoli.

Ana Dediu – The Four Graces

Iar Ovidiu sughițând
Îmi mai spune suspinând:
"Tu Pupă ești de părere
Că noi nu avem putere?
Dar cum o atingi răcnește,
Și bunica ei de vine
Parcă mă crede pe mine?
Că tot ei îi dă dreptate
Că e în minoritate.
Ș-apoi pentru că e fată
Am lăsat-o să ne bată."
Dar mai stăm vreo două zile,
Și să aibă amintire,
C-a fost neprietenoasă,
Ne-a bătut la ea acasă.
Și noi dela Țibucani,
Când aveam 8-9 ani,
O să ne amintim c-o vară,
Pe când ploua tare-afară,
Într-o vară, într-adevăr
Pe-amândoi ne-a bătut măr!
Verișorii de departe,
Nu vor uita pân-la moarte,
Întâmplarea cea hazlie
Din draga copilărie,
Precum c-odată-ntr-o vară,
Când s-au văzut prima oară,
I-a bătut rău a lor vară,
Dar pentru ultima oară!
Ș-am plecat din Țibucani.
Răsărea soarele-n Făgani.
Aerul e răcoros,
Și câmpu-i tare frumos,
Aeru-i așa curat,
Tare-i bun de respirat.
Nepoții cam somnoroși

Ana Dediu – The Four Graces

Se arată bucuroși,
Că merg cu mașina-n care,
Ei au locuri fiecare,
Că aicea înoptează,
Dar pe drum s-aglomerează.
Drumu-i plăcut de privit,
De cireși e străjuit.
Trecem prin mai multe sate,
Toate vesele, curate.
Acum ne putem uita,
N-are cine mai cânta.
Iar șoferu-i odihnit,
Deci avem un drum tihnit.

Octombrie 1979
S-a întâmplat în 1975 când ne-am dus în vizită la Tibucani cu nepoții noștri Ovidiu și Horațiu pentru prima și ultima oară.

Sofia (left), Mihai, Virgil, Ana Dediu and grandchildren Ovidiu (down) and Horațiu (right), 1970

Ana Dediu – The Four Graces

Skiing

Your sons started
On immaculate ways.
They come from the mountains top
With gray peaks,
With small slopes,
With the caps on the forehead,
Down slopes slightly,
With skies on their legs.

[They run flaying
As a passing falcon.]

And pass like the wind,
Quick as the thought,
In taking the earth
And flying on the slope,
Like an arrow.
They came like from heaven
Avoiding the winter frost
As Mountains' Dragons.

They are happy and joyful,
Charming and healthy.
They flew as the young lions
Under the mother's eye.
Behind leaving the a path
Of snow as it was smoke
Floating gently in the wind
And coming back to earth.

February 11, 1978

Ana Dediu – The Four Graces

La schi

Au pornit feciorii tăi
Pe immaculate căi.
Ei vin din vârf de munte
Cu piscuri cărunte,
Cu cărări mărunte,
Cu căciuli pe frunte,
Coboară uşor,
Cu schi la picior.

[Şi aleargă-n zbor
Ca şoimul trecător]

Şi trec ca vântul,
Iute ca gândul,
Mâncînd pământul,
Şi zboară pe pantă,
Precum o săgeată.
Au venit parcă din cer
Înfrutând al iernii ger,
Parcă-s zmei din munte scoşi.

Ei sunt veseli şi voioşi,
Şi voinici ca Feţi-Frumoşi.
Aşa zburau ca pui de lei
Şi mama priveşte la ei.
În urmă lăsau un drum
De zăpadă parcă-i fum
Ce pluteşte uşor în vânt
Şi iar vin pe pământ.

11 Februarie 1978

Ana Dediu – The Four Graces

To Ovidiu

Do you know where you come from Ovid?
You're offspring of forefather Dediu
Who lived in the Ştefan's time,
Who was a Great Hatman.

In the second year you're student,
That's obvious.
I see that the grade "C"
You got only to dexterities!

Keep up the good work,
That means that you have good mind,
You have "As" everywhere,
But you're a little weak in sports.

Ovidiu Dediu, 1979

At music you are like Bubu,
He never sang.
We are very satisfied,
Of these results.

Ana Dediu – The Four Graces

I know you're prudent,
And then you're older student,
But beware of the slope
You could fall down.

You're very serious,
Now, you have to walk less,
I have a request of you,
To slow down on the pedals,
When the bike you start.

November 3, 1978.

Lui Ovidiu

Ştii de unde vii Ovidiu?
Eşti din neamul lui Moş Dediu,
Cel din vremea lui Ştefan,
Ce-a fost-un Mare Hatman.

In anul II eşti student,
Astă-i lucru evident.
Văd că de-al-de "C" aveţi,
Numai la dexterităţi!

Daţi-i mereu înainte,
Asta-nseamnă c-aveţi minte,
Tu ai "A" mai peste tot,
Dar eşti cam slăbuţ la sport.

La muzică-ai semănat ,

Ana Dediu – The Four Graces

Cu Bubu, el n-a cîntat.
Noi suntem mulţumiţi foarte,
De aceste rezultate.

Pe tine te ştiu prudent,
Şi apoi eşti mai vechi student,
Dar ai grijă la o pantă,
Ai putea mînca o trântă.

Acum eşti tare fălos,
Că mergi mai puţin pe jos,
Am la tine-o rugăminte,
Să dai încet din picioare,
Bicicleta când porneşti.

3 Noiembrie 1978.

Ana Dediu – The Four Graces

To Horațiu

And you dear Horace,
You're coming from the same area,
From the old Moldavia,
Which was under the Prince Ștefan.

Now freshman you will be
As a first year student,
I do not know how it happened,
But a "C" you took for writing.

Now you're done with the writing,
And you need just to study.
You are a good boy,
Not too many are ahead of you.

Sophia, Horace and Michael Dediu, June 1984

We are very happy,
Of your results in school.
Be careful on the bicycle,

Ana Dediu – The Four Graces

And don't injure your nose.

Horace! Be careful,
Now you are student,
Harness the bike with attention
Do not fall, and get wounded!

Be careful as you can,
You're only on 2 wheels.
I think how much you like to speed
And look! I feel dizzy!

February 25, 1978

Horatiu Dediu, December 7, 1968

Ana Dediu – The Four Graces

Lui Horațiu

Iară tu dragă Horațiu,
Vii tot din același spațiu,
Din acea veche Moldovă,
Ce-a fost a lui Ștefan Vodă.

Acum bobocul vei fi,
Ca student anul întîi,
Dar nu știu cum s-a făcut,
De la scris un "C" ai avut.

Acum de scris ai scăpat,
Ai numai de-nvățat,
Și tu ești băiat cuminte,
Nu te iau mulți înainte.

Noi grozav ne-am bucurat,
De cum tu ai învățat.
Fiți atenți cum pedalați
Nasul să nu vi-l stricați.

Horațiule! Fii atent,
Că doar acum ești student,
Bicicleta s-o struneşti
Să nu cazi, să te julești!

Să ai grijă pe cât poți,
Că ești doar pe 2 roți.
La viteză mă gândesc
Și-uite! Simt că amețesc!

25 Februarie 1978

Ana Dediu – The Four Graces

To Aurel - Wishes

The grandchildren of forefather Dediu
The one, whose name in chronicles mentioned,
I Horace and Ovidiu,
At our great uncle came
At his 70 birthday
To wish him good health,
To wish him a long life
To give us guidance.

January 1, 1970

Lui Aurel – Urări

Strănepoții lui Moș Dediu,
Cel în cronici pomenit,
Eu Horațiu și Ovidiu,
La bădia am venit,
La 70 ce-i poartă-n spate,
Să-i urăm multă sănătate,
Și-i dorim o lungă viață
Ca să ne fie povață.

1 Ianuarie 1970

Ana Dediu – The Four Graces

To Aurel

In an autumn's day you were born,
A golden autumn,
You saw the light of day
On October 2nd.

We, the grandchildren, great-
grandchildren,
Wish you Happy Birthday.
We will always remember you
And your exemplary life.

October 2, 1969

Aurel Dediu (older brother of Virgil) with Ovidiu (left), and Horace (1 year), February 23, 1969

Lui Aurel

În zi de toamnă te-ai născut,
O toamnă aurie,
Lumina zilei ai văzut
La 2 Octombrie.

Ana Dediu – The Four Graces

Noi nepoții, strănepoții,
Mulți ani îți dorim cu toții,
Vom avea mereu în față,
Exemplara ta viață.

2 Octombrie 1969

All Dediu:Virgil with grandson Horațiu and Aurel
(older brother of Virgil) with Ovidiu, February 23, 1969

Chapter 3: Love

The love is eternal

Of all things, from this world,
Worse ones and good ones
The Universal attraction
It's a phenomenal force.

According to a "Dura Lex"
It attracts sex to sex
It draws negative with positive
With an unspeakable force!

That's between birds,
Same among mammals,
All to perpetuate,
Species to progress.

To these laws obey
Ordinary people.
For others the attraction
It's called love.

Youth, procreation
It's common to creatures,
The man has no boundaries,
He's a lover creature
In all his life
And all year round!

Such man is Forică,
Who is not afraid of years,
At 70 without two
He is glorious and lively.

Ana Dediu – The Four Graces

He found a companion
Who he admired with delight.
It's gentle and cheerful,
Is fragile, it's beautiful
Her hair blue-white.

It is unique in his own way!
His eyes are shining,
But his hair amazes you.

Lili is appealing
It's a great magician;
So I think that in Forică
Enchanted him from the first moment!

This body fine, delicate
And well balanced;
7 girls born,
She took care and raised them.
And all are now settle with
Jobs and their homes.

And all are married
Three of them-were divorced!
And there is an inconvenience:
Two of them
In Italy, left
Living Mommy alone.
And she has four grandchildren,
She really misses them;
All seven girls,
They are like sisters.

And she loved him too,
From the moment she saw him,
And as entertainment,

Ana Dediu – The Four Graces

Both have diabetes!

What they didn't think of,
Happiness they found,
Which really proves,
That man always loves

Bucharest, October 1983
This is about Christopher (Forica), the brother of Virgil whose wife Anny aunt died and he remarried when he was 68 years with a lady of 64 years.

Sofia (left), Ovidiu (2 years), Horațiu (8 months 9 days), Mihai Dediu, November 3, 1968

Ana Dediu – The Four Graces

Dragostea e veșnică

Din toate câte-s pe lume,
Și mai rele și mai bune,
Atracția universală
E-o forță fenomenală.

Conform unei „dura lex",
Se atrage sex pe sex,
S-atrage minus cu plus,
Cu o forță de nespus!

Așa-i între păsărele,
Așa-i între mamifere,
Tot să se perpetueze,
Specia să progreseze.

Aste-i legi i se supun
Oamenii de drept comun.
Pentru alții atracție
Se numește dragoste.

Tinerețe, procreare
Este la viețuitoare,
Omul nu are hotare,
E-o ființă iubitoare
În toată viața lui
Și-n tot timpul anului!

Astfel de om e Forică,
Ce de ani nu are frică,
La 70 fără doi,
El e falnic și vioi.

Și-a găsit o-nsoțitoare
Ce-o admiri cu încântare.

Ana Dediu – The Four Graces

E gingașă și voioasă,
E slăbuță, e frumoasă,
Părul ei alb-albăstrui,

E unic în felul lui!
Privirea îi strălucește,
Însă părul te uimește.

Lili e atrăgătoare
E o mare vrăjitoare;
Așa cred că, pe Forică
L-a vrăjit din prima clipă!

Acest corp fin, delicat
Și bine echilibrat;
7 fete a născut,
Le-angrijit și le-a crescut.
Și la casa lot sunt toate
Cu servicii și-nvățate.

Și toate sunt măritate
Trei din ele-s divorțate!
Și mai are-o neplăcere:
Două fete dintre ele
În Italia- plecate
De mămica mai departe.

Și are 4 nepoței,
Îi e tare dor de ei,
Toate 7 fetele,
Îi sunt ca surorile.

Și ea pe el l-a plăcut,
Din clipa când l-a văzut,
Și ca un divertisment,
Amândoi au diabet!

Ana Dediu – The Four Graces

Cum nici ei nu s-au gândit,
Fericirea şi-au găsit,
Asta chiar ne dovedeşte,
Că omul mereu iubeşte
Bucureşti, Octombrie 1983

Aici este vorba despre Cristofor (Forică), fratele lui Virgil căruia i-a murit soţia şi s-a recăsătorit la 68 de ani cu o Doamnă de 64 de ani

Aurel Dediu (left, older brother of Virgil), Puica (Aurel's wife), Ana with grandson Ovidiu (8 months 20 days), and Virgil Dediu, July 23, 1967

Ana Dediu – The Four Graces

Eroticism

The dumb creatures
Have just a period
When they come in heat,
Once a year.

But the man is ready to attack
In any season,
And if you do not obey
He becomes aggressive.

That is why we became many
And always will disseminate
Nothing will stemmed down
In his eroticism.

Erotism

Căci necuvântătoarele
Au doar o perioadă
Când le vin mendrele
La un an odată.

Dar omu-i gata de atac
În orice anotimp,
Și dacă nu-i faci pe plac
Devine agresiv.

De asta așa s-a-nmulțit
Și se-nmulțește mereu
De nimic nu-i stăvilit
În erotismul său.

Ana Dediu – The Four Graces

I have one wish

I have one dream,
In these days,
To marry,
They banish the loneliness!

And I'm looking in Sibiu
Just in this fall,
Alone not to be
In the upcoming winter.

And here I found
A good human being,
Who agreed
To become my wife!

She's only tenderness,
And she's so delicate,
That you cannot know,
If she's real or fictional.

With her royal walk,
And full of grace,
Unparalleled body
She's so attractive!

Her hair blue-white
It's a fairy,
Unique in its own way,
And glamorous.

As soon as I saw you,
Majestic presence,
You've charmed me,
How brave you are!

Ana Dediu – The Four Graces

You did not get scared,
When you hear,
That I have diabetes;
That amazed me!

I want back again
The years which have passed,
They kind of lost us,
We were unknown for them!

Let's have them back,
The years of our youth,
To start another road,
And another meaning of life.

I give you chrysanthemums,
And kiss your hand,
That in the past years,
7 girls were born!

I have fulfilled a dream!
And in this autumn
Here I'll be marrying,
A very beautiful lady!

That's all I have holiest
And I bow to her;
As on this earth,
She is my icon!

I have fulfilled a dream!
Behold I'll get marry,
Just this fall,
With a very pleasant lady!
Bucharest October 14, 1983

Ana Dediu – The Four Graces

Mai am un singur dor

Mai am un singur dor,
În zilele acestea,
Ca să mă însor,
S-alung singurătatea!

Şi-mi caut în Sibiu,
Chiar în astă toamnă,
Singur să nu mai fiu
În viitoarea iarnă.

Şi iată c-am aflat
O fiinţă bună,
Care a acceptat
Soţie să-mi devină!

E numai gingăşii,
Şi aşa de fină este,
Că nici nu poţi să ştii,
De-i reală sau poveste.

Cu mersul ei regal,
Şi plin de graţie,
Corpul fără egal
E o fascinaţie!

Păru-i alb-albăstrui
Este o feerie,
Unic în felul lui,
Şi plin de strălucire.

De cum te-am zărit,
Fiinţă maiestoasă,
De-atunci m-ai vrăjit,
Cât eşti de curajoasă!

Ana Dediu – The Four Graces

Că nu te-ai spăriet,
Când ai auzit,
Că am diabet
Asta m-a uimit!

Întoarcă-se-napoi
Anii ce-au trecut,
Pierduți au fost de noi,
Căci nu ne-am cunoscut.

Întoarcă-se acum
Anii tinereții,
Că-ncepem un alt drum,
Și un alt sens al vieții.

Îți dărui crizanteme,
Și mâna ți-o sărut,
Că-n trecuta vreme,
7 fete ai născut!

Mi s-a-nplinit un dor!
Și-n această toamnă
Iată că mă-nsor,
C-o prea frumoasă Doamnă!

E tot ce am mai sfânt
Și mă închin la ea;
Că pe-acest pământ,
Este icoana mea!

Mi s-a-mplinit un dor,
Iată că mă însor,
Chiar în această toamnă,
C-o mult plăcută Doamnă!

București 14 Octombrie 1983

Ana Dediu – The Four Graces

I, also have a wish

I, also have a dream
To marry,
To make a future
With a darling man.

And I looked around,
I do not want someone from Sibiu.
Bur I found someone
And he's from Moldova!

For ten years now,
No one attracted me.
Only he fascinated me,
With his sweet voice.

He is handsome on
Whole his being
With a sharp look
How no one in the world.

To be with me
And to embrace him always
That will give me satisfaction
To be near my husband.

And all my life
I promise
To be your wife
And to take care of you.

I'm attracted to you
As a magnet
And I think that it comes
From both having diabetes.

Ana Dediu – The Four Graces

And I have another desire
At Pisa to travel
To introduce to my daughter,
And her family.

To see each other
I think that I'll succeed;
The girls, sons, grandchildren
They all are waiting for us!

Anny Dediu (right, wife of Cristofor
Dedu, younger brother of Virgil) and
Sofia Dediu, February 1966, Sibiu

My wish came true
And I got married
To have a protector
The husband which I love.

I am his bride
And he is mine.
He selected me
And I chose him.

If something is not as described
The fault is my muse

Ana Dediu – The Four Graces

(I apologize for it)
Maybe it overreacted
Or did not say the truth
And so it cheated on me!

October 15, 1983, Ana Dediu

Sofia Dediu (left), Virgil, Ana with grandson Ovidiu (8 months 20 days), Aurel (older brother of Virgil), Puica (Aurel's wife), July 23, 1967

Ana Dediu – The Four Graces

Mai am și eu un dor

Mai am și eu un dor
Ca să mă mărit,
Să-mi fac un viitor
Cu omul mult droit.

Și cât l-am căutat
Că nu-l vreau sibian,
Până ce l-am aflat
Și este Moldovan!

De zece ani încoace,
Nimeni nu m-a atras
Numai el mă atrage,
Cu dulcele lui glas.

Plăcută-i la vedere
Toată ființa lui
C-o ageră privire
Cum alta-n lume nu-i.

Să fie lângă mine
Și să-l mângâi mereu
Că tare-mi este bine
Lângă bărbatul meu.

Și toată viața mea
Îți făgăduiesc
Să fiu soția ta
Și să te ngrijesc.

Sunt atrasă de tine
Ca de un magnet
Și cred că asta vine
C-avem un diabet.

Ana Dediu – The Four Graces

Şi mai am o dorinţă
La Pisa să ponim
Ca să-i fac cunoştinţă
Cu ai mei, să ne-ntâlnim.

Să ne vedem cu toţi
Cred c-am să reuşesc;
Fete, gineri, nepoţi
Ce mult asta doresc!

Mi s-a-nplinit un dor
Şi mă căsătoresc
Să am ocrotitor
Pe soţul ce-l iubesc.

Că sunt a lui mireasă
El este al meu mire
Eu de el aleasă
Şi el ales de mine

Dacă ceva nu-i aşa
De vină e muza mea
(îmi cer scuze pentru ea)
Poate a exagerat
Sau n-a spus adevărat
Şi astfel m-a înşelat

15 Octombrie 1983
Ana Dediu

Chapter 4: Nature

The chestnut

The chestnut in any season
Is towering and majestic.
A chandelier in Olympus
He ascends lofty.

And we stopped that year,
To rest for a while,
Under the old chestnut
To talk and relax.

And we hear in our left side pock,
And in our right side pock,
Fell from place to place
Lumps that unfold.

And from they came out,
Like a jewel,
And rolled
Something like a toy.

And I cannot resist,
Not to take it in hand.
Gentle to the touch
In my old palm.

Ana Dediu – The Four Graces

Castanul

Castanul în orice anotimp
E falnic şi măreţ.
Un candelabru în Olimp
El se-nalţă semeţ.

Şi ne-am oprit ca an,
Să ne mai hodinim,
Sub bătrânul castan
Să mai sporăvăim.

Şi-n stânga noastră poc,
Şi-n dreapta noastră poc,
Cădeau din loc în loc
Bulgări ce se desfac.

Şi din ei ieşeau,
Ca o bijuterie,
Şi se rostogoleau
Ceva o jucărie.

Şi nu pot să resist,
Să nu-l iau în mâna.
Dulce-i la pipăit
În palma mea bătrână.

Ana Dediu – The Four Graces

The linden tree prunned

What did you think that the sacred fire ever will go out!
That hatred can kill the one who hate touch?
That thrills of the union from the reborn nature,
And eternal omnipotence of man can be bigoted?
See all that is noble fragrant and sweet did not died.
And the lime tree cut painfully sorely blossomed,
Stands in the sun with its white stump but unwavering
And little dove has nowhere the delicate nest to build.
Poor lime tree! It's May and he's not yet budded.
But it is alive, despite how badly they chopped it.
Even though some people are pathetic, and neurosis,
The Earth and space follow the sublime metamorphosis.
Another flower is coming up, all is in green dressed.
Perfume of lilac in the air and singing nightingale.

Teiul retezar

Ce credeți voi că focul sacru vreodată se va stinge!
Că ura poate să omoare pe cel ce o ură o atinge?
Că fiorul înpreunării din natura renăscută,
Și atotputernicia veșniciei de om poate fi prefăcută?
Vedeți tot ce e nobil suav și dulce n-a murit.
Și teiul retezat și bont în chinuri mari a-nmugurit,
Stă drept în soare cu ciotul alb dar neclintit
Și porumbița n-are unde cuibul gingaș să-și fi clădit.
Sărmanul tei! E luna Mai și el încă n-a înfrunzit.
Dar el e viu, în ciuda celor ce așa rău l-au ciopârțit.
Chiar dacă între oameni mau sunt jalnice nevroze,
Pământ și spațiu își urmează sublimele metamorfoze.
Mai răsare o nouă floare, totul în verde se-nveșmântă
Parfum de liliac e-n aer și privighetoarea cântă.

Ana Dediu – The Four Graces

Joy

Since spring springs
Lovely calling us by name
Enjoy life
Enjoy the world!

Still breaking as the gold
Heavy irons hand made
Enjoy life
Enjoy peace!

Since blackbird is singing
The forest gently swaying its ridge
Enjoy life
Enjoy them.

Still sipping. Oh, God!
Beautiful fragrant flowers
Enjoy life
Enjoy all!

Mihai Dediu (left), Ana with grandson Ovidiu (1 year 5 months), Sofia and Horace (down, 1 month 10 days), April 4, 1968

Ana Dediu – The Four Graces

Bucuria

Încă izvoare izvorăsc
Drag chemându-ne pe nume
Bucurați-vă de viață
Bucurați-vă de lume!

Încă rupe ca de aur
Druguri, mâna ce tobace
Bucurați-vă de viață
Bucurați-vă de pace!

Încă de cântări de mierlă
Codru-și leagănă lin creasta
Bucurați-vă de viață
Bucurați-vă de acestea.

Încă mai sorbim Oh, Doamne
Flori frumoase aromate
Bucurați-vă de viață
Bucurați-vă de toate!

Sofia, Ovidiu (1year 11 days), Mihai Dediu, November 14, 1967

Ana Dediu – The Four Graces

The Ivy

At the window in the kitchen
The ivy every year,
becomes purple
And loses its leaves in vain.

Iedera

Pe geam la bucătărie
Iedera an de an,
A devenit purpurie,
Și s-a scuturat în van.

Ana Dediu – The Four Graces

The path

The days have passed like water,
The time buried them,
And from the sky full of clouds
Plunged over us abundant snow.

It came the frost and fog,
How far is the morning,
It-blossomed at our temples salt
How close is the sunset
How the path to horizon stopped.

3 August 1986

Cărarea

S-au scurs zilele ca apa,
Vremea le-a-ngropat cu sapa,
Şi din cerul plin de nori
Au căzut pe noi ninsori.

S-a lăsat bruma şi ceaţa,
Ce departe-i dimineaţa,
A-nflorit la tâmple sarea,
Cît de-aproape-i înserarea,
Cum se curmă-n zori cărarea!

3 August 1986

Ana Dediu – The Four Graces

The chrysanthemums

The third time they flourished
The chrysanthemums,
And three times faded
The parks, and glades.

Only my unquenchable longing,
Wasn't more sedate;
But much more was lit,
It's not smoldering.

Since you left home,
It ascends flashing,
And increases every hour,
My heart is burning...

And while you're wandering,
Prowling around the world,
You've becoming dearer,
And I'm searching for you crying.

I'm dying for missing you,
And I do not know what to do,
That's no place to go,
My heart to relieve.

How the shy doe
Keeps its young,
So before
I loved my baby.

My love never ends,
Although the years flow,
Further quickens,
In my sad twilight.

Ana Dediu – The Four Graces

Only the chrysanthemums,
Look at me tenderly,
Until the snow drifts,
On the houses and ground.
September 30, 1979

Ovidiu (6 months 17 days) and Mihai Dediu, May 20, 1967

Mihai Dediu and son Horațiu (6 months), August 1968

Ana Dediu – The Four Graces

Crizantemele

A treia oară-au înflorit,
Şi crizantemele,
De trei ori s-au vestejit,
Parcul, poienele.

Numai dorul meu nestins,
Nu s-a mai potolit,
Ci mai tare s-a aprins,
Nu mai arde mocnit.

De când ai plecat de-acas,
Se-nalţă pâlpâind,
Şi creşte în orice ceas,
Inima-mi dogorind.

Şi de când tu eşti pribeag,
Prin lume colindând,
Îmi eşti din ce în ce mai drag,
Şi te caut plângând.

De dorul tău mă usuc,
Şi nu ştiu ce să fac,
Că n-am unde să mă duc,
Inima să-mi descarc.

Cum sfioasa căprioară,
Ţine la puiul său,
Aşa şi eu odinioară,
Iubeam copilul meu.

Dragostea nu-mi se sfârşeşte,
Deşi anii tot curg,
Şi mai mult se înteţeşte,
În tristul meu amurg.

Ana Dediu – The Four Graces

Numai crizantemele,
Mă mai privesc duios,
Pân-s-aștern troienele,
Pe case și pe jos.

30 Septembrie 1979

Michael and Sophia Dediu (center down), November 1993, Osaka (Japan) Chrisantemum festival

Sophia and Michael Dediu, November 1993, Osaka

Ana Dediu – The Four Graces

The forest

How many leaves are on the trees,
In the forest of the stars snowed,
Same, many thoughts I have
And boundless desires.

How much in the fall on paths
The long hum and bitter
So many questions
I have as in a boundless dream.

And from the time that passes
From the past to further
Connected I remain to you
Throughout life and further.

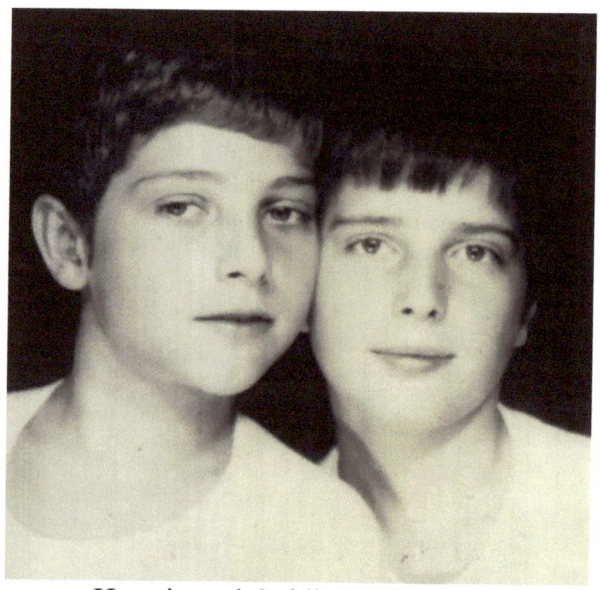

Horatiu and Ovidiu Dediu, 1979

Ana Dediu – The Four Graces

Codrul

Câtă frunză ai pe ram
Codrule de stele nis,
Tota atâtea gânduri am
Și dorinți de necuprins.

Cât ai toamna pe cărări
Freamătul de lung și-amar
Tot atâtea întrebări
Port ca-n vis fără hotar.

Și din vremea care trece
Din trecut spre mai departe,
Legată rămân de tine
Viața toată și în moarte.

Michael Dediu (up) and son Horace, Dec. 5, 2004, Tewksbury, MA, USA

Ana Dediu – The Four Graces

The storm

I cannot fall asleep, from dawn till dawn!
I'm getting many streams of sweat;
And large drops of rain begin to drip
When the wind comes roaring from the south.

How ascends to heaven in a terrible rage,
From tree to tree runs unstoppable wind
And when the big drops sift through the air
Collapse in the black underworld.

The building is like a leaf tossed in infinite
The man looks scared at the black night
Nothing stands in the way of horror storm,
Which can touch even the forgotten stars.

And how great is the man, he doesn't have a way
To stop the winds that run and run again,
As I complain to the heavens in my heavy despair
The water surrounds me, penetrates my mouth!

The trees were struggling shaken by the winds,
We all believed were in eternity lost!
Soon, however, the light started to shine,
I do not fear death but the way I die!

The storm quieted down. The heavy clouds vanished,
The storm past with it thunder.
Drops now are falling increasingly scarce,
They clouds scattered O Sun! Come back.

A blessing is my death at any time,

Ana Dediu – The Four Graces

But how to swallow me the moaning storms?
And again, I think, now what it will be,
When this storm will fully appease?

And I will listen as the wind silences down?
Is my soul put down by my sorrow?
I am in the twilight of life, and I would have faith,
But there's no hope in your mercy!

February 1979

Ana Dediu with grandsons Horace (left, 19.5 years) and
Ovidiu (almost 21), 1987, Tewksbury, MA, USA

Ana Dediu – The Four Graces

Furtuna

Şi somnul nu mă prinde, din zori şi până-n zori!
Mă năpădesc atâtea şiroaie de sudori;
Şi stropii mari de ploaie încep a şiroi
Când vântul vine iute vuind din Miază-Zi.

Cum către cer se-nalţă într-un cumplit frământ,
Din pom în pom aleargă nestăvilitul vânt,
Iar când de prin văzduh stropii mari se cern
Se prăbuşesc în hanul cel negru din Infern.

Şi blocu-i ca o frunză zvârlită-n infinit,
Se uită-n noaptea neagră omul-tare-n grozit,
Nimic nu stă în calea groazei vijelii,
Ce poate să atingă şi astrele uitării.

Şi omul cât de mare-i nu are-un meşteşug,
Ca să oprească vânturi ce fug mereu şi fug,
Cum eu răcnesc spre ceruri în deznădejdea grea,
Apa mă-nvăluieşte, pătrunde-n gura mea!

Copacii se zbăteau de vânturi zguduiţi,
Noi ne credeam cu toţii pe veşnicii pierduţi!
Curând, însă lumina a prins a străluci,
Nu mă-ngrozeşte moartea ci felul de-a muri!

S-a liniştit furtuna. Pieriră norii grei,
A trecut vijelia cu tunetele ei.
Cădeau acuma stropii din ce în ce mai rari,
S-au risipit şi norii, o, Soare! Tu răsari.

O binecuvântare e moartea mea, oricând,
Dar cum să mă înghită furtunile gemând?
Şi iarăşi mă gândesc, acuma ce-o fi,
Când furtuna asta deplin s-o domoli?

Ana Dediu – The Four Graces

Şi-oi asculta, cum vântul s-alină liniştit?
Oare sufletul să-mi fie de jale doborât!
Sunt în amurgul vieţii şi cât aş mai spera,
Dar nu-i nici o speranţă în îndurarea ta!

Februarie 1979

Ecaterina Gheonea (left) with grandson Horatiu (1 year), Ana Dediu, Aurel, Mihai, Puica (Aurel's wife), Ovidiu and Sofia Dediu (right), February 23, 1969

Ecaterina Gheonea (left), Ana Dediu, Virgil with grandson Horatiu (1 year), Mihai, Aurel, Ovidiu, Puica (right, Aurel's wife), February 23, 1969

Ana Dediu – The Four Graces

Niagara

The years passed
Upon us,
And I'm heading
With small steps and bouncy,

To meet you now
After all this time
At the end of the road,
And ... season.

Niagara is colossal
And unique in itself.
Ii seemed to me infernal
The reason being maybe my years!

Niagara Falls,
How suddenly you crash,
You're awesome, you're queer,
And you make me deaf.

Niagara Falls,
I bow to you my farewell,
I saw you for first time
And now, I go, I leave you!

To see you again,
I do not think I could,
My life is over,
And now I leave forever.

In this big world
All is ephemeral.
Niagara is immortal
That's why I came to see you.

Ana Dediu – The Four Graces

When I'll go in eternity,
And we'll be apart
The memories forgotten
Will accompany us forever!

November 14, 1980

Sofia and Mihai Dediu, Mount Bucegi (Gârbova and Clăbucet), February 21, 1970

Mihai Condurache (left, 83, father of Ana Dediu), with great-grandsons Hoarțiu (10 months 14 days) and Ovidiu (right, 2 years and 2 month), and Sofia Dediu, Bucharest, January 8, 1969.

Ana Dediu – The Four Graces

Niagara

Au trecut ca o clipită
Anii peste noi,
Şi acum mă-ndrept
Cu paşi mici şi vioi,

Niagara-i colosală,
Unică în felul ei.
Mi s-a părut infernală,
De vină-s anii mei!

Niagară, Niagară,
Cum brusc te prăbuşeşti,
Eşti grozavă, eşti bizară,
Şi chiar mă asurzeşti.

Niagară, Niagară,
Eu îmi iau bun rămas,
Te văd pentru-ntâia oară,
Şi-acum, mă duc, te las!

Ca să te mai văd odată,
Nu cred că am să pot,
Viaţa mea e terminate,
Si-acuş plec de tot.

Căci în lumea asta mare,
Totul îi efemer.
Niagara-i nemuritoare,
De asta ţi-o ofer.

Când voi pleca-n eternitate,
Si ne vom despărţi,
Amintirile uitate,
Pe veci ne-or însoţi!
14 Noiembrie 1980

Chapter 5: Memories

My right hand

That was damn day,
It was Thursday as I remember;
All day it was snowstorm
In the evening it stopped.

And I left with the intention
To buy cabbage from the market!
But the snow from the blizzard,
On the edges piled!

As it was little,
Only the ice covered;
And how could I see
The ice under the snow?

When, suddenly, without warning
Like the lightning hits me,
And the legs under me,
 Ran like on the wheels!

The right rushed to help
Jumped in a jiffy,
The slide to limit,
And so the sacrum was saved!

Terrible I've been shaken
But I didn't bite my tongue!
It's good to not have your denture,
In such a... juncture!

I could not get up,
And my head felt ... empty!

Ana Dediu – The Four Graces

And from the horizontal
Is hard to return to vertical!
When you have nothing to grab,
It's hard to get up!
Finally with a big effort
I get up on two feet!
I note that I am a whole piece,
The legs can walk!
But where is my hat?
It is there a little farther.
When I fell down
My hat flew!

It seems that I'm all right
The right hurts a little.
I pulled the glove off.
Alas! I do not see, I cannot see it!
The hand is bent backwards,
And moved from its place!
I felt that I'll pass out!
That's my hand? Is my right hand!
I wonder how so sudden
My hand got broken?

When I entered in the house,
I said "Virgile, I fell!"
He said: "If you walk sleeping,
Nothing happened, it is sprained!"

"When you have fallen
Did you lose your wallet?
Too bad for the wallet!"
And he was very happy
When he found it in my pocket!

Ana Dediu – The Four Graces

All night it hurt,
And I did not sleep at all!
Friday, I went to the hospital
At the Municipal Clinic!

"You need an X-ray."
What a great marvel!
They put in some devices,
In profile and from the back!

And on a stiff paper
It came out my bone!
I look at my hand,
But I do not know to read!
Maybe there is no cracked bone,
Maybe it's just twisted!
The doctor decided brief:
"We must put gypsum,
The bone is broken!"

Without much talk
Two people put me on a table.
One tied my hand
The other gave me the anesthesia,
To lessen the pain
When they'll twist back the bone!

Once they have arranged it
My hand started to be wrapped.
In the diluted gypsum
They dipped the fabric
Then my hand was wrapped with many.
They were cold and they were wet!

They build a heavy hand,
What weighted as tone!

Ana Dediu – The Four Graces

The wrist and elbow
Were plastered altogether.

And it became solid as stone!
And is hard to move!
And when they have finished,
They hanged to my neck!
Beside that I am old
I remained without a hand!
And what can I say,
That left is not like the right!

Alone I did all this.
Virgil was ... busy;
The TV didn't work,
The image was overturning!

And when I came home
I was very happy!
The hand did not hurt
Except I could not move!
Maybe it's under anesthesia,
Let's see what will be tomorrow!
But I slept all night;
I didn't felt the broken hand!

That's a complete mystery,
I slept sometimes during the day!
If you want a smoothly sleep
Don't have the stomach full
And so on ... fasting
You'll have a smooth sleep!

And I have an advantage
Since I have this bandage!
The right does not numb!

Ana Dediu – The Four Graces

Only left bothers me!
And I'm trying a solution
On the ground to slam it,
Then in gypsum wrapped
To take the numbness away!

I'll stay a month and a half,
And on 16 March
They said that the cast it out.
I would like, if possible,
To let it wrapped
Rather than being numb!
That's not evil
To have crippled hand,
A month, not the whole life!

January 29, 1981

Sofia and Mihai Dediu, Mount Bucegi (Gârbova),
February 21, 1970

Ana Dediu – The Four Graces

Mâna Dreaptă

Ziua asta blestemată,
A fost Joi bat-o s-o bată;
Toată ziua-a viscolit
Spre seară s-a potolit.

Şi-am plecat ca o fâşneaţă
Să cumpăr varză de la piaţă!
Dar, omătu-i spulberat,
Pe la margini adunat!

Şi cum el puţin era,
Doar ghiaţa acoperea;
Şi eu cum puteam să văd
Ghiaţa, care-i sub omăt?

Când, deodată, fără veste
Parc-un trăsnet mă trăsneşte,
Şi picioarele sub mine,
Au fugit … ca pe rotile!

Dreapta-n ajutor grăbită
A sărit, într-o clipită,
Lunecarea a frânat,
Osul sacru l-a salvat!

Tare m-am mai zdruncinat
Dar, limba nu mi-am muşcat!
E bine să n-ai dantură,
Într-o aşa … conjunctură!

Nu puteam ca să mă scol,
Şi îmi simţeam capul … gol!
Căci de la orizontal
Greu revii la vertical!

Ana Dediu – The Four Graces

Când n-ai de ce să te apuci,
E greu ca să te ridici!
În sfârşit cu o sforţare
Mă scol în două picioare!
Constat, că sunt toată-n treagă,
Picioarele pot să meargă!
Căciula unde-o fi oare?
Iat-o colo, mai la vale,
Că atunci când am chicat
Şi căciula mi-a zburat!

Parcă n-aş avea nimic,
Dreapta, mă jeneaz-un pic.
Scot mănuşa de pe ea.
Vai ! nici nu văd, n-o pot vedea!
Mâna e dată pe spate,
Şi hâită într-o parte!
Mai să-mi vie rău, nu alta!
Asta-i mâna mea? e dreapta!
Oare cum aşa de-odată?
Mâna să-mi fie stricată?

Când în casă am intrat,
Zic: "Virgile, am chicat!"
Zise: "Dacă mergi ca adormită,
Nu-i nimica, e scrântită!"

"Nu cumva când ai căzut
Portofelul ai pierdut?
Păcat şi de portofel!"
Şi tare s-a bucurat,
Că-n buzunar l-a aflat!

Toată noaptea m-a durut,
Şi somn deloc n-am avut!
Vineri, m-am sus la spital

Ana Dediu – The Four Graces

Colea, la Municipal!

"Trebuie radiografie."
Ce mare minunăție!
O pune la aparate,
Din profil ș-apoi din spate!

Și pe-o hârtie scorțoasă
A ieșit partea osoasă!
La mâna mea eu privesc,
Dar nu știu ... ca s-o citesc!
Poate osul nu-i plesnit,
Poate e numai scrântit!
Doctorul decide scurt:
"Punem ghips, e osul rupt!"

Fără multă vorbărie
Doi pe-o masă mă și suie.
Unul mâna mi-a legat,
Ș-altul m-a injectat,
Să nu fie dureros,
Când-o trage osul de os!

După ce le-au aranjat,
Mâna mi-au înfășurat,
Și în ghipsul diluat
Feșele au înmuiat.
M-au împachetat cu multe
Erau reci și erau ude!

Mi-au făcut o mână grea,
Ce-atârna ca o ... ghiulea!
Încheietura și cotul
Este pusă-n ghips cu totul.

Cum îi piatra s-a-ntărit!

Ana Dediu – The Four Graces

Şi tare-i greu de urnit!
Ş-apoi când au terminat,
De gât mâna mi-au legat!

După ce că sunt bătrână
Am rămas şi făr-o mână!
D-apoi ce să vă mai spui,
Că stânga ca dreapta nu-i!

Singură m-am descurcat.
Virgil era ... ocupat;
TV-ul nu prea mergea,
Peste cap se tot dădea!

Şi când am venit acasă
Eram tare bucuroasă!
Mâna nici nu mă durea
Decât n-o puteam mişca!
Poate-i sub anestezie,
Să văd mâine ce-o să fie!
Dar am dormit noaptea toată;
N-am simţit mâna fărmată!

Asta-i minune curată,
Dorm şi ziua câteodată!
De vrei să ai somn lin,
Să nu ai stomacul ... plin,
Şi aşa pe ... nemâncate
Vei dormi pe săturate!

Şi mai am un avantaj
De când am acest bandaj!
Dreapta, nu mai amorţeşte!
Doar stânga mă necăjeşte!

Şi mereu tot mă frământ

Ana Dediu – The Four Graces

Cum s-o trântesc de pământ,
Să fie şi ea înghipsată
Şi de amorţeli scăpată!

Stau o lună jumătate,
Şi la 16 Marte
Ghipsul a zis că mi-l scoate,
Eu aş vrea, dacă se poate,
Să o lase ghipsuită
Decât să fie amorţită!
Care nu-i o nenorocire
Ca să ai mâna beteagă,
O lună, nu viaţa-n treagă!

29 Ianuarie 1981

Sofia and Mihai Dediu, Mount Bucegi (Gârbova and Clăbucet), February 21, 1970

Ana Dediu – The Four Graces

The stony walnut tree or rhymes around a photo

When you come out on the porch, to the right, you see on the hill from our house
A large stony walnut tree, which rose just on the crest.
The cherry and apple trees next to the porch looked like pyramids.
Which put in the spring, white shrouds and mantles.

But the walnut was sober -only dressed in green,
It wasn't ever cheerful, always dark.
Didn't know when blooms, made some catkins,
Which fell down many, blacks seemed little worms.

Its crown was great; also, too much branched,
It was about as much wide as high!
With its rugged attire and with its round crown
It dominated almost all the backyard!

And in its dense shadow, nothing grew,
For no sunshine permeated through!

And it made many nuts, but very small,
Witch were taken down by grandma and stored away,
Were small and hard as stone, but the core was tasty,
But were inlaid in the shell, with needle should be removed.

The nuts were good to eat after the Cross Day,
When they fall down and brake, then they shake the tree!
Mother in some holidays a blanket from the house
And laid it under the walnut tree, to feel a little cooler.
And she said "Come, come Anna and seek out my hair!"
I immediately sat near; there was no way to escape.

Ana Dediu – The Four Graces

And on my little lap, mother let her head!
Parted in the middle, so she wore her hair.
It wasn't too heavy, but still I felt it!

Her hair golden wheat reached her waist,
Braided in two parts she wore them as a wreath around.
I took slowly the pins out smoothing them on my hand.
Her blue eyes as chicory slowly closed,
Her sunburned face I was seeing closely.
Her neck white as milk I watched just for a moment,
The children came crying and mother waked.
One day, a cheerful sun arises in the window
We got all out, but in the hill from our house
What happened? We remained astounded on the porch,
We look puzzled, frightened for a moment:
Our stony walnut tree was resting on the ground!
In the night were a storm and the wind put it down;
And we go over there, his limbs intact,
Full of nuts and leaves were on the ground flat.
God! We began to cry, so sorry we were,
Of our crashed mighty walnut tree!
Besides misfortune dad was saying it's a sign,
God gives us the news that we are pretty bad!

I came home with Țușcă in a summer;
He was small and weak, to spend some time here.
I did not know what year, our grand walnut tree
Collapsed in a night, in the wind with its branches down!

When now one day, I looked in a box
Oh, and what I find there? A small photo!
Alas! Țușcă! How dear and precious will be to you
As precious and dear it is to me!
You, the aunt, I suppose, to be 7-8 years
Have at your empty feet about 3 or 4 pumpkins;

Ana Dediu – The Four Graces

He nephew, Mihăiță four years younger
Sit on the walnut trunk, now converted in nothing!
Both preoccupied, cheerful, never have noticed
Someone, who knows, took a picture of you.
O! What effused you look and what were you speaking?
Nobody's happier in Costești under the sun.
I can see you running on the Chirlahelgiu,
That the cow went in the vineyard! She's a damn cow!
Your blond hair, held with a headband,
Not to go in your eyes, a gentle creature!
White beads around your neck and a long dress,
You joyful, happy girl!
Your nephew is in a shirt and some underwear,
His hair is darker; you think he's a girl!
What small little hands he had and fine feet
I very much wonder; so were they?
From the summer kitchen mother came out: "I like so much to look at them,
Am I going to live to see them grown up"?
Phew! Go away evil eye, the luck to be with you always!
The first for you a boy, the youngest of mine a girl!
And our great walnut tree perished so
It didn't come out anything from the lofty root!
And the cherry and the apple, they all died
But with the top up towering were frozen
While the stony walnut tree was crashed down,
Knelt down, this is how it died.

You, the little ones - two kids, you've grown up
And from you sprang pairs of shoots!

January 30, 1984

Ana Dediu – The Four Graces

Nucul cel pietros sau rime împrejurul unei fotografii

Cum ieşi din tindă, la dreapta, vezi, de la deal de casa noastră
Nucul cel chetros şi mare ce-a crescut tocmai pe creastă.
Cireşul cel narangiu şi mărul de lângă prispă, păreau nişte piramide
Ce îşi puneau Primăvara, giulgiuri albe şi hlamide.

Nucul însă era sobru, numa-n verde îmbrăcat,
Nu era vesel vreodată, ci mereu întunecat.
Nu ştiai când înfloreşte, făcea nişte mâţişori,
Ce cădeau pe jos mulţime, negri, păreau viermişori.

Coroana lui era mare; mult, prea mult ramificată,
Era cam cât îi în lături, tot atâta de înaltă!
Cu ţinuta lui robustă, cu coroana lui rotată,
Ograda aproape toată, era de el dominată!

Şi la umbra lui cea deasă, nimica nu mai creştea,
Căci nici o rază de soare, printr-ânsa nu străbătea!

Şi făcea el nişte nuci, tare multe, tare mici,
Pe care le bătea bunica şi le ducea în gârlici;
Erau mici şi tari ca piatră, dar miezul era gustos,
Însă incrustat în coajă, cu acul trebuia scos.

Nucile se făceau bune de mâncat, la ziua Crucii,
Când cad jos şi se desghioacă, pe atunci se băteau nucii!
Mama, lua câteodată, într-o zi de sărbătoare
Un ţolic, şi-l aşternea sub nuc, ca să-i hie mai răcoare.
Şi-mi spunea: „Hai vinăAnă şi îmi caută în cap!
Eu mă aşezam îndată, că nu era chip să scap.

Ana Dediu – The Four Graces

Şi în poala mea cea mică, mama, capu îşi lăsa!
Cu o cărare la mijloc, aşa ea se cheptăna.
Nu era el aşa greu, dar totuşi mă apăsa!

Păru-i galben cum e spicu pân-la brâu îi ajungea,
Două gâţe, împrejur, capului făceau cunună.
Eu scoteam spelcile-ncet şi le netezeam c-o mână.
Ochii ei precum cicoarea uşurel se închideau,
Faţa ei arsă de soare de aproape o vedeam.
Gâtu-i era alb ca varul; doar o clipă o priveam,
Că veneau plângând copchii şi pe mama o trezeau.
Într-o zi, un soare vesel se iveşte la fereastră
Ieşim noi cu toţi afară, dar di la deal de casa noastră
Ce s-a întâmplat? Rămânem uimiţi pe prispă,
Ne uităm nedumeriţi, înfricoşaţi pentru o clipă:
Nucul nostru cel chetros, prăvălitu-i la pământ!
Noaptea a fost un prăpăd şi l-a doborât un vânt;
Şi ne ducem noi la dânsu, crengile lui neatinse,
Pline de nuci şi de frunze erau pe pământ întinse.
Doamne! Începem să plângem, tare rău ne mai părea,
Nucul nostru cel puternic cum s-a prăbuşit aşa!
Pe lângă nenorocire tata zice că-i un semn…
Ne dă Dumnezeu de veste că tare răi mai suntem!

Venisem eu acasă, cu Ţuşcă în acea vară;
Că era mic şi slăbuţ să stea oleacă la ţară.
Nu mai ştiam în ce an, nucul nostru grandios,
Se prăbuşise-ntro noapte, de vânt cu crengile-n jos!

Când acuma într-o zi, mă uitam într-o cutie
O, şi ce găsesc acolo? O mică fotografie!
Vai! Ţuşcă! Cât de dragă şi de scumpă-ţi va fi ţie
Precum tot aşa de scumpă şi de dragă-mi e şi mie!
Tu, mătuşa, presupun, să fi avut 7-8 ani
Ai la chicioarele goale vreo 3 sau 4 bostani;
El, nepotul, Mihăiţă cu patru ani e mai mic,

Ana Dediu – The Four Graces

Stați pe trunchiul nucului devenit acum ... nimic!
Amândoi preocupați, veseli, nici n-ați observat
Că cineva, cine știe, așa iute v-a pozat.
O! Ce degajați sunteți și ce vorbiți voi oare?
Nimeni nu-i mai fericit, la Costești sub soare.
Parcă văd spre Chirlahelgiu c-o luați la goană,
Că se duce vaca-n hie! Ea-naibii boală!
Părul tău galben deschis, legat co bentiță,
Ca să nu-ți vie în ochi, o, gingașă ființă!
Ai la gât mărgele albe și-o lungă rochiță,
Ești zglobie, șugubeață o gătită fetiță!
Nepotul tău, e-n maieu și-n niște chiloți,
Părul lui e mai închis, să crezi că-i fată poți!
Ce mânuțe mici avea și ce chiciorele
Tare mult mă minunez; așa erau ele?
Din chilier mama eșè: iaca mi-i drag să-i prăhesc,
Să-i mai văd mari și pi-aiște oare am să mai trăiesc?
Ptiu! Nu le hie de diochi, bată-i norocu să-i bată!
Primu la tine-i băiet, mezinul la mine-i fată!
Și măreţul nostru nuc, a pierit aşa,
N-a mai dat din rădăcină nici o rămurea!
Și cireșu narangiu și mărul au murit
Dar cu vârfu-n sus și țanțoși au încremenit
Pe când nucul cel chetros jos s-a prăbușit,
Parcă a îngenunchiat așa a murit.

Voi cei mici - doi prichindei, voi, ați crescut mari
Și din voi au răsărit câte doi (v)lăstari!

30 Ianuarie 1984

Ana Dediu – The Four Graces

The bookshelf

I never thought
That a bookshelf can be
A reason for a clash,
And high tension.

I wanted to take it to the cellar,
To make some more space!
There is no room to turn,
Is like in a flea market.

There is no place to put a needle,
Cannot sit down as you please.
What do you think?
Come and follow me, and count.

As the disputed bookshelf
I still have other 5.
One is behind the door,
3 are on the cabinets above.

And there are other two bookcases
As you see, cross yourself!
And perched above
Another bookshelf unused.

Everywhere all over
Chairs and stools,
19 of them,
There are also four beds.

Then three wardrobes,
And 2 refrigerators,
6 heavy tables
To remove dust from under them.

Ana Dediu – The Four Graces

And two TVs,
One small and one large,
And other two radios,
Pretty old but still in function.

And there are many paintings,
And other little things!
And what I can say?
Not even the air is good.

I have presented to you,
A very brief inventory.
The bookshelf is useless.
"Let's Virgil to take it down."

"The shelf down? Well, come now!
I think you're crazy.
You're crazy to be tied,
And in hospital hospitalized.

Change your mind,
Or I call the police,
And so I'll pack you
And send to the crazies spot."

I start shaking,
Maybe it's true,
After so much suffering,
Maybe I went out of my mind.

I isolated myself in the room
And I sat on the bed,
From here I'll not get out ever,
Until the situation is clarified.

Ana Dediu – The Four Graces

Even the doctor to come,
To find if I'm crazy,
Because I want to move down a shelf,
Which is superfluous.

Today is June 30.
I am without three years 70,
And instead of greetings,
I receive a threat.

He called our neighbor,
To see that I was crazy.
She told him with endearing voice,
To make me a nice gift
And for this anniversary,
To be a celebration,
Because we're only the two of us,
And the shelf made fun of us!

He left ... after 3 hours,
Came back with two baskets,
Placed them on a tray,
And came to me.

He had regrets in his eyes,
Red roses in his hand,
He hugged me
And about bookshelf I forgot!

Next day brave,
Single took the bookshelf down,
The bookshelf was buried,
And we made peace.

There are only 40 years
Since we joined forever

Ana Dediu – The Four Graces

To draw the chariot of life
During the power of our youth!

And on rain or wind,
We pulled the chariot with persistence,
And when was good or difficult,
We pulled the carriage again.

And in the many years,
We pulled shoulder to shoulder
That life is like a ladder,
What goes up and down.

And now not too far,
We're just waiting for death,
We're headed toward it slowly,
Without conjugal plans.

The life's carriage got used,
Doesn't look good, broke down!
And stands ready to fall,
The pieces to split.

This life's a mystery
All come and all perish
You do not know where you came from
You do not know where you're going!

Anna Dediu at 67 years
June 30, 1979

Ana Dediu – The Four Graces

Raftul

Nu am bănuit cândva,
Că un raft de cărți fi-va
Un motiv de supărare,
Și de mare încordare.

Am vrut ca să-l duc la beci,
Să mai fac ordine, deci!
Că n-am unde să mă-ntorc,
Parc-aș fi într-un talcioc.

N-ai unde să pui un ac,
Nu poți să te-așezi pe plac.
Nu credeți? Hai mă urmați,
Și cu mine numărați.

Ca raftul cel disputat
Mai am încă 5 de dat.
Unu-i după ușă pus,
3 sunt pe dulapuri sus.

Și am două biblioteci
Ca să vezi, să te crucești!
Iar deasupra cocoțat
Un …raft ne-ntrebuințat.

Printre toate colțurile
Scaune și scăunele,
19-s de toate
Mai sunt 4 paturi late.
Apoi 3 șifoniere,
Și-ncă 2 frigidere,
6 mese tare grele,
Să ștergi praful de sub ele.

Ana Dediu – The Four Graces

Şi 2 televizoare,
Unul mic şi altul mare,
Şi-ncă două aparate,
De radio… cam stricate.

Şi mai sunt tablouri multe,
Şi-alte lucruri mai mărunte!
Şi mă rog? Ce să mai spun?
Nici aerul nu e bun.

V-am făcut aşa-ntr-o doar,
Un prea sumar inventar.
Raftul este de prisos
"Hai Virgil să-l ducem jos".

Raftul jos? Ei asta-i bună!
Eu cred că tu eşti nebună.
Eşti nebună de legat,
Şi-n spital de internat.

Revezi-ţi pozitia,
Că aduc militia,
Şi aşa te fac pachet
Drept la nebuni te trimit.

Atunci m-am cutremurat,
Poate că-i adevărat,
De-atâtea suferinţi,
Poate mi-am ieşit din minţi.

În casă m-am izolat,
Şi pe pat m-am aşezat,
De-aici n-oi mai ieşi,
Până nu s-o limpezi.

Chiar şi doctorul să vină,

Ana Dediu – The Four Graces

Să constate că-s nebună,
Că vreau să duc un raft jos,
Care este de prisos.

Azi e-n iunie 30.
Am fără 3 ani 70,
Şi în loc de o urare,
Eu primesc… ameninţare.

A chemat-o pe vecină,
Ca să vadă că-s nebună.
Ea i-a spus cu glas duios,
Să-mi fac-un cadou frumos,
Că această aniversare,
Să fie o sărbătoare,
Că nu suntem decât doi,
Raftu-şi bate joc de voi!

A plecat …după 3 ceasuri,
S-a întors cu două coşuri,
Pe tavă le-a aşezat,
Şi la mine a intrat.

Avea regret în priviri,
În mână roşii trandafiri,
M-a luat, m-a-nbrăţişat
Că am şi uitat de raft!

A doua zi curajos,
A dus raftul singur jos,
Raftul l-am înmormântat,
Iară noi ne-am împăcat.

Că sunt doar ani 40
De cînd ne-am unit pe veci
Să tragem la carul vieţii

Ana Dediu – The Four Graces

In puterea tinereții!

Și de-a fost ploaie sau vânt,
Noi am tras caru-cu-avânt,
Și de-a fost bine sau greu,
Noi am tras la car mereu.

Și în anii mulți la număr,
Noi am tras umăr la umăr
Că viața-i ca o scară,
Ce te urcă și coboară.

Și acum nu prea departe,
Ne așteaptă doar o moarte,
Spre ea ne-ndreptăm agale,
Fară planuri conjugale.

Carul vieții s-a uzat,
Nu mai știne, s-a stricat!
Și stă gata ca să pice,
În bucăți să se despice.

Viața asta-i un mister,
Toate vin și toate pier,
Nu știi de unde-ai venit
Nici nu știi unde-ai pornit!

Ana Dediu la 67 de ani
30 Iunie 1979

Ana Dediu – The Four Graces

Spring Equinox

The equinox day was memorable,
Through everything that happened; was formidable.
To be at 7 at the station I did not slept all night.
At 1, and 3, and 5, I woke up not to be late.
That the tea you requested cannot be send,
Until the local customs station first puts the stamp.
Aurora appeared red at sunrise,
Before the night was unglued from day.
On the street I see a whitish spot near the water pump.
What is it? I approach it: its ice.
And so in the cold early morning ring the bell,
Poor my in-law was dreaming, in the sweetest sleep,
We take the bags with the innocent tea boxes
And we wait in cold at the station to get them stamped.
The stamp is triangular, not to be confused,
And on all packages was gently applied.
We're back. My in-law remained home, but I ran
At the customs at the palace post office, to see how many I can send.
There were not too many people, I wrote my name on the list,
Customs' boss tells me: they receive as much I want.
I went back at the in-laws, the hot coffee was waiting.
A quickly sip it; grab the box loaded with tea.
I was very glad, run through Cișmigiu garden.
One day through two customs and even shipped!
Goat weed and St John's worth get first to be checked,
Then comes the chamomile, mint and lime blossom,
And all are investigated; some seem a bit suspicious,
They're not in original bags, the law must be respected.
The customs stamp from station on some is not visible,
Then the price! Is not the same, it old she thinks!
The customs Lady is confused and she'll consult the chief collector:

Ana Dediu – The Four Graces

He said £ 7 for Kg. put it all on the scales.
I breathe easier; but she is frowning,
That she does not have on what to weigh them all at once.
I jumped in aid with two transparent bags
The flowers are seen better, the boxes are not suspicious.
But, I had a fabric. That's another problem.
It's wool? Is polyester? Another problem.
They take some samples, light some matches,
Light up those samples and then are snuffled
By several fine noses and more experienced,
Who decide: smells like mixed rayon and wool.
Then she measure with the meter three-meter and one centimeter,
But not taken into account when the price is set.
Then comes to see the box, which is controlled
Not to have a side with something, somehow doubled!
I'm sweating all; but finally I finished.
With trembling hands I dressed box
Thimble and needle and thread, and glasses I had,
I only had a little at one end of sewing.
It took very little, and I was done.
But, she asked my Identification, and I didn't have it,
In one day: two customs and to send it, wasn't feasible.
I explained to her, but she said maybe you have the passport.
No! I do not! But I cannot convince her!
And suddenly it seemed that everything went dark.
Customs fell on me and so I died.
I take the box and I laid my head on it,
I think then at you and the power returns.
I begged the custom Lady to talk on the phone.
She does not want to hear: "is the public phone in the lobby."
Went out confused, but I did not see anything.

Ana Dediu – The Four Graces

Barely was I standing, barely I could move.
And someone helped me to find the phone,
But to put the money in I couldn't find the place.
Finally was introduced, the tone comes and it rang.
After several rings a Hello I get! It sounded serious.
"Virgil, I'm here at customs, bring me my
Identification.
Come with tram three, I wait for you at in-laws.
And I ran through Cişmigiu now the third time,
To wait. It is the first day of spring.
The Sun for two months didn't show up,
A cold wind was blowing; I felt that I'm naked.
And passed 5-6 trams and the same number returned
I run after every one to meet Virgil.
And I wait, I wait, I wait, the cold surround me,
When, finally I see him coming down!
He didn't reproached me, because he always says,
Not to lose the Identity card, better to let it home.
When the custom Lady saw me, she was very surprised,
She asked for forgiveness that she put me on the road,
I do not know why she excused,
Maybe I was old and I said the truth,
And to be trusted I deserve!
I took the box in my arms; I laid my head on it,
Recipient's name three times I kissed!
You went in a long voyage medicinal tea,
To banish the suffering to be healing!
For millions of years, the weeds cure
Healed humanity, handed down from generation to
generation,
Long ago were neither physicians nor medicines!
There were no hospitals, later came the apothecary
shops.
Oregano and walnut leaves mother put in the bath tub,
Peelings from the onion for cough, wormwood against
jaundice,

Ana Dediu – The Four Graces

Plantago, chamomile to cure the wounds,
Linden tea for colds is very good.
Almost any herb, leaf, flower, root,
To cure something is used, for a disease was good.
Even the medicine found now away
To ennoble these plants as medicinal.
March 20, 1984

Michael and Sophia Dediu, Statue of Ion Creanga (1837-1889, above), (debarcader, below), Cişmigiu Garden, Bucharest, 11 Oct. 2014

Ana Dediu – The Four Graces

Echinocțiul de Primăvară

Ziua echinocțiului a fost memorabilia,
Prin tot ce s-a întîmplat; a fost formidabilă.
Ca să fiu la 7-n gară toată noaptea nu dormisem.
La 1, la 3, la 5 să nu-târzii, mă trezisem.
Că ceaiul cerut de tine nu se poate expedia,
Până ce vama din gară mai întâi l-o ștampila.
Aurora apăruse roșie la răsărit,
Mai înainte ca noaptea de zi s-a dezlipit
Pe stradă lângă cișmea alburie văd o pată.
Ce să fie? Mă apropii: este apa înghețată.
Și așa cu noaptea-n cap sun la ușă-nfrigurată,
Cuscra mai visa săraca, era de somn îmbătată,
Ne luăm sacoșele cu ceaiuri nevinovate,
Ș-așteptăm în frig la gară ca să fie ștampilate.
Ștampila-i triunghiulară, să nu fie confundată,
Pe toate pachetele este ușor aplicată.
Ne întoarcem. Cuscra rămâne acasă dar eu iute mă răpăd
La vama de la Palat, câte primește să văd.
Nu era lume prea multă, pe o listă mă înscriu,
Șefu vămii îmi răspunde că primește câte vreu.
Mă întorc iarăși la cuscra, m-aștepta cafeaua caldă,
O sorb iute, înșfac cutia cu ceaiurile încărcată,
Sunt aman de bucuroasă, fug prin Cișmigiu măi frate.
Într-o zi prin două vămi, încă și expediate!
Pojarnița sau sunătoare intră la control întîi,
Apoi vine romanița, menta și floarea de tei,
Și toate sunt cercetate, unele par cam suspecte,
Nu-s în pungi originale, legea ca să se respecte.
Ștampila vămii de la gară, pe unele nu se vede,
Apoi prețul! Nu-i același e cel vechi așa se crede!
Vameșa e-ncurcătură pe șef îl consultă iar:
Și-i zice: la 7 lei Kg. pune totul pe cântar.
Eu răsuflu ușurată; ea însă e încruntată,

Ana Dediu – The Four Graces

Că n-are în ce le pune să cântărească odată.
Îi sar eu în ajutor cu două pungi transparente,
Şi se văd florile bine, pungile nu sunt suspecte.
Dară mai aveam şi-o stofă. Asta-i iară o problemă.
E de lână? E melena? Asta-i iară o problemă.
Se caută nişte fire, se aprind nişte chibrite,
Se aprind acele fire şi apoi sunt mirosite,
De mai multe nasuri fine şi mult experimentate,
Care spun: miroase puţin a lână cu relon amestecate.
O măsoară-apoi cu metrul, trei metri şi-un centimetru,
Dară nu-l mai ia în seamă când îi stabileşte preţul.
Apoi vine la cutie, care este controlată,
Să nu aibă vreo latură cu ceva, cumva dublată!
Eu sunt asudată toată; dar în fine-am terminat.
Cu mâinile tremurânde cutia am îmbrăcat
Degetar şi ac cu aţă, ochelarii i-am avut,
Că am doar puţin la un capăt de cusut.
Mai aveam doar o lecuţă, aşa , o nimica toată,
Ce bine mă gândeam eu, acuş treaba-i terminată.
Dar… îmi cere buletinul şi cum eu nu-l aveam,
Într-o zi la două vămi să-l şi expediez nu credeam.
Îi explic eu, dar ea zice: poate aveţi paşaport.
Nu! Nu am! Dar ca s-o conving nu pot!
Şi deodată mi se pare că totul s-anourat,
Că vam-a căzut pe mine şi că astfel am murit.
Cutia o iau în braţe şi-mi reazăm capul pe ea,
Mă gîndesc atunci la tine şi-mi revine puterea.
Mă rog iar de vameşă să vorbesc la telefon.
Ea nici nu vrea s-audă – este telefon în hol.
Ies afară zăpăcită, însă nu vedeam nimic.
De-abia stăteam în picioare, de-abia puteam să mă mişc.
Şi cineva mă ajută telefonul să-l găsesc,
Dar ca să pun în el banul nici decum nu reuşesc.
În fine îl introduce, vine tonul ş-apoi sună.
După câteva apeluri un alo! Grav îmi răsună.

Ana Dediu – The Four Graces

"Virgil, sunt aici la vamă, adu-mi buletinul meu,
Vino cu tramvaiul trei, te aştept la cuscra eu.
Şi-am fugit prin Cişmigiu acuma a treia oară,
Să-l aştept. E prima zi de primavară.
Soarele de două luni pe aici nu se arată,
Vântul sulfa aşa rece, îmi pare că sunt dezbrăcată.
Şi trec 5-6 tramvaie şi tot pe-atâtea vin,
Eu fug după fiecare pe Virgil să-l întâmpin.
Şi-aştept, aştept, aştept, frigul tot mă împresoară,
Când în fine iată că-l văd cum coboară!
Nu m-a certat că el aşa tot mereu îmi spune,
Ca să nu pierd buletinul să-l las acasă mai bine.
Când m-a văzut vameşa tare mult s-a minunat,
S-o iert că m-a pus pe drumuri, nu ştiu de ce s-a scuzat,
Poate că eram bătrână şi-am spus adevărat,
Şi crezută pe cuvânt poate aş fi meritat!
Am luat cutia-n braţe, capul pe a l-am culcat,
Numele destinatarei de trei ori l-am sărutat!
Aţi plecat în cursă lungă ceaiuri benefăcătoare,
Să alungaţi suferinţa să fiţi tămăduitoare!
De milioane de ani, buruienile de leac
Au vindecat omenirea, transmise din veac în veac,
Că pe atunci nu erau nici doftori, nici doftorii!
Nu se găseau nici spitale, târziu au fost spiţerii.
Sovîrf şi frunze de nuc punea mama-n scăldătoare,
Coji de ceapă contra tusei, pelin contra gălbenarei,
Patlagina, romaniţa rănile le oblojea,
Ceaiul de tei la răceală tare bine mai făcea.
Aproape orice buruiană, frunză, floare, rădăcină,
La un leac se folosea, la o boală era bună.
Până ce şi medicina a găsit acum cu cale ,
Ca să le înobileze că-s plante medicinale.

20 Martie 1984

Ana Dediu – The Four Graces

Overfull of well

I'm tired of too much well
I'm looking forward to feel awful
I'd like to snow over me,
All your concerns!

The leaves have not all fallen
But down they will fall;
Some green and other stained
Are on trees under snow.

Between windows I have
chrysanthemums,
Virgil brought them before it fall
So early
A rich first snow.

They are big, white and violet
They have curly hair dew,
And are beautiful
And even fancy!

On the TV in a bootee,
A bibelot from you,
Have flours and a carnation
Artificial, precisely from Ferndale.

All over the house
Wherever I look
On the beds, on the table
I find you.

And for a time now,
Alone I don't feel,
Everywhere I turn

Ana Dediu – The Four Graces

Near you I feel!

I am so at peace
In my heart,
How I was never,
Nothing more I want!

In my house it a joy
Everywhere is warm, good and pleasant.
Outside everything is white and fairy
And I have nothing to do.
Open the window, my big window
And in a minute all the outside cold
Rushes in the house and the cool air
Quicken and cools me off.

Every now and then I'm wrapping up
And go for a walk a bit,
And on the snow to walk,
To feel the frost at my nose.
But as I have nothing to do,
Nothing to buy,
I'm going back in a hurry,
That Virgil did the shopping!

And I feel no need
To someone to go;
To me I am not allowed
Anyone to bring.
And I see my neighbors
On my flat
I do not see them for months,
As they don't exist!

At Tinca rarely I go
It's too slippery,

Ana Dediu – The Four Graces

At Didi is too far,
And it's quite difficult to reach!

I have no desire,
I lack nothing
I thought that wasn't possible
We live so royally.

I leave better than a queen,
But in anonymity.
All my life is full,
Just the head is not crowned.

Your concern to all
I'd like to snow over me,
For bad I'm longing,
Overfull of well!

November 15, 1983 Pupa Ana

Grandson Ovidiu, Ana Dediu, Grandson Horațiu and
Sofia Dediu, July 24, 1969, Mangalia

Ana Dediu – The Four Graces

De bine

Sătulă-s de-atâta bine
Şi de rău parcă mi-e dor,
Aş vrea să ningă peste mine,
Grija voastră-a tuturor!

Frunzele n-au căzut toate
Dară ele o să cadă;
Unele-s verzi, altele pătate
Stau pe copaci sub zăpadă.

Între geamuri am crizanteme,
Virgil le-aduse-nainte să cadă
Aşa de devreme
O primă şi bogată zăpadă.

Sunt mari, albe şi violete,
Parcă-s coafate; tare frumoase,
Şi sunt chiar cochete
Deşi-s cam pletoase!

Pe televizor într-o cizmuliţă,
Un bebelou de-ale tale,
Au floricele şi o garoafă
Artificială, tocmai din Ferndale.

Peste tot în casă,
Oriunde privesc
Pe paturi, pe masă,
Pe voi vă găsesc.

Şi de-un timp încoace,
Singură nu mai sunt,
Oriunde m-aş întoarce
Tot cu voi mă simt!

Ana Dediu – The Four Graces

Sunt aşa de împăcată
În inima mea,
Cum n-am fost niciodată,
Şi nimica n-aş mai vrea!

În casa mea-i o veselie
Peste tot cald, bine şi plăcut.
Afară totu-i alb, i-o feerie
Şi nu am nimic de făcut.
Deschid geamul, geamul meu mare,
Şi-ntr-un minut tot gerul de-afară
Năvăleşte-n casă şi aerul tare
Mă înviorează şi mă înfioară.

Câte-odată mă înfofolesc
Şi ies la plimbare oleacă,
Ca pe omăt şi eu să păşesc,
Să simt pe la nas promoroacă.
Dar cum nu am nici o treabă,
Nici ceva de cumpărat,
Eu mă întorc în mare grabă,
Că Virgil m-a aprovizionat!

Şi nu simt nici o nevoie
La nimenea să mă duc;
Iar la mine nu am voie
Pe nimeni să aduc.
Şi nu-mi văd vecinele
De pe scara mea.
Nu le văd cu lunile,
Cun n-ar exista!

La Tincuţa mă duc rar
Că-i alunecuş,
La Didi-i departe-aman,
Şi-i tare greu de dus!

Ana Dediu – The Four Graces

Nu mai am nici o dorinţă,
Nimica nu-mi lipseşte
N-am crezut că-i cu putinţă
S-o duc aşa regeşte.

Trăiesc mai bine ca o regină
Dar în anonimat.
De toate mi-i viaţa plină,
Doar capul nu-i încoronat.

Grija voastră-a tuturor
Aş vrea să ningă peste mine,
Şi de rău parcă mi-e dor,
Sătulă-s de-atîta bine!

15 Noiembrie 1983 Pupa Ana

The North Railroad Station, Bucharest, 1987

Ana Dediu – The Four Graces

Happiness

    Something happened to me, I took some pills "Bergonal" found around in house, kindly recommended - not from a doctor - no counter indication for me: you take them 3 weeks - with a break of 10 days, and I don't have any palpitations. Instead, I get good disposition wand jollity as not even Zeus in Olympus did not have!
I feel purified, calm serene; I feel such a sense of triumph, euphoria, I have in my head only songs that softly sing; people look at me.
    I have fulfilled some dreams - undreamed - without any effort on my part but only yours!
    I have seen the land of freedom, the most industrialized, richer, envy of the world.
    I am at peace with myself - I do not want anything. Everything transformed into a sublime music in a sweet amnesia.
    I find that I achieved the absolute with my hand. I don't not know who said that there is only expired happiness. I protest! Here, my happiness lasts for a month and a half, I live it, and I feel it in my whole being!
    You may laugh at me; but if my heart doesn't beat as fast, I have the right to consider myself happy two or three months or a year?
I'll send the prospectus of the miraculous medicine.

With all the love,
Pupa Ana 71 years and 150 days
November 28, 1983

Ana Dediu – The Four Graces

De fericire

Ceva s-a întâmplat cu mine, am luat niște pastille "Bergonal" găsite prin casă, recomandat de binevoitori – nu doctor – nu au contra indicații pentru mine: 3 săptămâni – cu o pauză de 10 zile și nu mai am palpitații nici culcată; am în schimb o veselie și o bună dispoziție cum nici Zeus în Olimpus nu avea!

Mă simt purificată, calmă senină; simt așa o senzație de triumf, de euforie, am în cap numai melodii, pe care le fedonez, că se uită lumea la mine.

Mi s-au împlinit niște vise – nevisate – fără niciun efort din partea mea ci numai a voastră!

Am văzut țara tuturor libertăților, cea mai industrializată, mai bogată, mai invidiată din lume.

Sunt împăcată cu mine însumi – nu-mi mai doresc nimic. Totul s-a transformat într-o muzică sublimă într-o dulce amnezie.

Mi se pare că am atins absolutul cu mâna. Nu știu cine spunea că nu există decât fericire expirate. Protestez! Iată fericirea mea durează de o lună și jumătate, o trăiesc, o simt în toată ființa mea!

Poate tu râzi de mine; dar oare dacă nu-mi mai bate inima așa repede, eu am dreptul să mă consider fericită două, trei luni sau un an?

Trimit prospectul miraculoasei doctorii.

Cu toată dragostea
Pupa Ana la 71 ani și 150 de zile
28 Noiembrie 1983

Ana Dediu – The Four Graces

Memories

Days have passed like water,
The weather buried them with a hoe,
And from the sky full of clouds
Snow fell over us.

Everywhere frost and fog,
How far is the morning!
It blossomed at temples salt
How close is the evening.
How short is the path at the horizon!

Since you're so far away,
You forgot that you're my brother,
That we both lived
Hard times in need!

For me one word
Is the most holy!
You have children and grandchildren,
I've lost them all!

Maybe you got old,
Your power weakened,
But you have plenty of time,
To write a letter!

I will move soon,
From the above to under earth,
Until then never
We'll ever see again!

Me my life is empty
At you is joy,
Near son and grandchildren

Ana Dediu – The Four Graces

To be you can't!
I'm not alone as cuckoo
I go to my nieces,
When the days are nice
But the night's depressing.

My thoughts are bitter,
And take me across Atlantic,
And I cannot rest
I take a book and read.

Adela as she was
She did not write to anyone!
Melu is good like hot bread
Always comes to see me.

And Tinca comes sometimes,
To see me,
Her boys come year after year,
Valerica rarely!

Lina, the most troubled,
Does not leave me lonely!
As spring arrives,
It stops to see me!

Even Rodica and Dorin
Occasionally come to see me
You cannot ask more
They have children and work to go.

If I meet Sonița,
I cannot even suspect she is,
I saw her once,
Two girls she has!

Ana Dediu – The Four Graces

Now the girls have grown,
And I never met them,
When I saw them first time.

You and yours did not come,
On the contrary I was avoided,
When you went to Bacău
You stopped here always.

When coming from Moldova,
And you went to Craiova
The train you change here,
But a phone I didn't get!

Matei is like you,
Never comes to me,
Grandchildren whether he has
I did not see them!

The past bitter times
With Vasile I lived,
Now from all,
Only rom him I have nieces.

Which have settled here
And I have small grandchildren,
And we always visit,
Otherwise, what would I do?

We were two troubled siblings in Iassy,
Always starving of hunger.
Then I brought you
To get better in three.

That! Being the oldest,
I was responsible.

Ana Dediu – The Four Graces

I was young student
At an important age!

All summer gave preparation
To pay the rent
You were a day laborer
With a little gain!

I ask the preceptor,
To take you helper,
Jora, for employment
Pretended my engagement!

I saw that he lied,
Therefore, I didn't sell myself.
I kept my honesty,
Till I married.

But the noblest man,
Who did not abuse,
And who helped me
Too honest and devoted,
Was Drăgănoiu Ică.

He was afraid of losing me
Anything I want he did.
And all the time he said:
I wait for you, when you will want
Then we'll marry.

To tell him something that
I never could do,
Even if I don't get married,
I would not ask him to marry me!

And he still waited

Ana Dediu – The Four Graces

Until I got married.
Virgil could not see
How tormented life I had.

God! How much we loved,
And how well we lived!
Mysteries of youth
Are spoken at old age.

When from the sky full of clouds
New snow fell over us
At my seventytwo years,
Parents of orphan children!
When near is the night
And the life path ends.

Anna Dediu, May 30, 1984

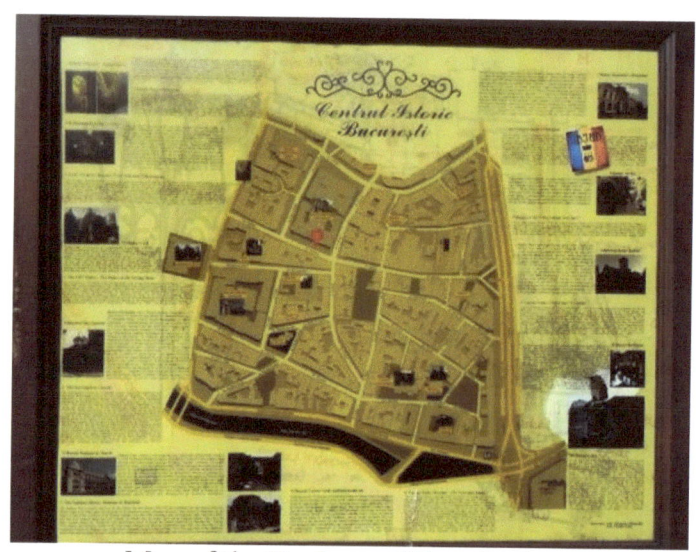

Map of the Bucharest Historic Center

Ana Dediu – The Four Graces

Aduceri aminte

S-au scurs zilele ca apa,
Vremea le-a-ngropat cu sapa,
Şi din cerul plin de nori
Au cazut pe noi ninsori.

S-a lăsat, bruma şi ceaţa,
Ce departe-i dimineaţa!
A-nflorit la tâmple sarea
Cât de aproape-i înserarea..
Cum se curmă-n zări cărarea!

De când eşti aşa departe,
Ai uitat că îmi eşti frate,
Că am trăit amîndoi
Timpuri grele în nevoi!

Pentru mine un cuvînt
Este lucrul cel mai sfânt!
Tu ai copii şi nepoţi,
Eu i-am prăpădit pe toţi!

Poate ai îmbătrânit,
Puterile ţi-au slăbit,
Dar timp tu ai berechet,
Ca să scrii cîte-un bilet!

Eu mă voi muta curând,
De de-asupra – sub pămînt,
Pân-atuncea niciodată,
Nu ne-om mai vedea vreodată!

Mie viaţa mi-e pustie
La tine-i veselie,
Lângă fiu şi nepoţi

Ana Dediu – The Four Graces

Să fii nici n-ai să poți!

Nici eu nu-s singură cuc,
Pe la nepoate mă duc,
Ziua cînd e-nbietoare
Dar noaptea-i întristătoare.

Gândul mă frământ-amarnic,
Mă poartă peste Atlantic,
Şi nu pot să m-odihnesc
Iau o carte şi citsc.

Adela cum a fost ea,
Nu a scris la nimenea!
Melu-i bun ca pâinea caldă
Vine mereu să mă vadă.

Şi Tinca mai trage-o fugă,
Pân-la mine să ajungă,
Băieții vin an de an,
Valerica mai rar!

Lina cea mai necăjită,
Nu mă lasă părăsită!
Primăvara cum soseşte,
Ea la mine se opreşte!

Chiar Rodica şi Dorin
Din când în când tot mai vin
Să le cer mai mult nu poți
C-au copii, servici, cu toți.

Pe Sonița de-ntâlnesc,
Nici nu pot s-o bănuiesc,
Că am văzut-o cândva,
Două fetițe avea!

Ana Dediu – The Four Graces

Acum fetele-au crescut,
Şi nici nu le-am cunoscut,
Când le-am văzut prima data.

Tu cu-ai tăi n-ai mai venit,
Din contra m-ai ocolit,
Când vă duceaţi la Bacău,
Treceaţi pe aici mereu.

Când veneaţi dela Moldova,
Şi vă-ntorceaţi la Craiova,
Trenul aici îl schimbaţi,
Dar un telefon nu daţi!

Matei mai este ca tine,
Deloc la mine nu vine,
Nepoţi dac-o fi având,
Pe ai lui nu-i văd nicicînd!
Timpul cel mai amărât,
Cu Vasile am trait,
Acum de la toţi şi toate,
Doar de la el am nepoate.

Ce s-au stabilit aici
Şi-am şi strănepoţii mici,
Şi ne vizităm mereu,
Altfel ce m-aş face eu?

Eram la Iaşi doi necăjiţi,
Mereu de foame lihniţi.
Apoi te-am adus pe tine
S-o ducem în trei mai bine.

Că de! Fiind cea mai mare,
Eu eram răspunzătoare.
Eram tânără studentă

Ana Dediu – The Four Graces

Ce vârstă impertinentă!

Toată vara preparam,
Chiria de o plăteam,
Că tu zilier erai
Și ce puțin cîștigai!

Mă rugam de preceptor,
Să te ia ca ajutor,
Jora, pentru angajare
Îmi pretindea o cuplare!

Că minte eu am văzut,
De aceea nu m-am vîndut.
La cinste n-am renunțat,
Pînă nu m-am măritat.

Dar cel mai nobil bărbat,
Ce deloc n-a abuzat,
Și care m-a ajutat
Prea sincer și devotat,
A fost Drăgănoiu Ică.

Să mă piardă-i era frică
Orice-aș fi dorit făcea.
Și mereu tot îmi zicea:
Eu te-aștept, când tu vei vrea
Atunci ne vom cununa.

Să-i spui eu așa ceva
Niciodată n-aș putea,
Chiar de nu mă mai mărit,
N-am să-l cer eu în pețit!

Și el tot a așteptat
Pîn-ce eu... m-am măritat.

Ana Dediu – The Four Graces

Virgil n-a putut vedea
Să mă chinui eu aşa.

Doamne! Ce mult ne-am iubit,
Şi ce bine am trăit!
Tainele din tinereţe,
Se rostesc la bătrâneţe.
Când din cerul plin de nori
Au căzut pe noi ninsori
La cei şapte-ş doi de ani,
Părinţi de copii orfani!
Când aproape-i înserarea
Şi se curmă-n zări cărarea.
Ana Dediu
30 Mai 1984.

Michael Dediu, Kretzulescu Church (1722), Bucharest,
13 Oct. 2014

Ana Dediu – The Four Graces

Dean

With time the smallest urchin
Became jurist
He is now retired,
At Bradu near Sibiu
Where am called to live.

But the biggest brat
It is great gardener
Now retired
In our village Costeşti
With that you can boast.

And I the student
Who came walking in sandals
I've done something in my life
I was able
To see Kiev, Moscow, Sochi
In the vacation time.

And in America to fly
Not once - three times
To see all of mine loved
Son, daughter in-law and grandchildren.
I saw also the great-grandson
Who came with my grandson.

And I, the old Ana
I became Octogenarian.
The dean of the all clan.

Ana Dediu – The Four Graces

Decană

Cu timpul cel mai mic ştrengar
A ajuns justiţionar
Şi-acum este pensionar,
La Bradu lângă Sibiu
Unde mă cheamă să viu.

Dar cel mai mare ştrengar
Este mare grădinar
Şi acum pensionar
În satul nostru Costeşti
Cu care poţi să te făleşti.

Iară eu studenta care
Venea pe jos în sandale
N-am fost o oarecare
Şi am ajuns în stare
Să văd Kiev, Moscova, Soci
Să fac un concediu aici.

Şi-n America să zbor
Nu odată – de trei ori
Ca să-i văd pe-ai mei toţi
Fiul, noră şi nepoţi
Mi-am văzut şi strănepotul
C-a venit cu el nepotul.

Iară eu bătrâna Ană
Am ajuns acum "Decană"

Ana Dediu – The Four Graces

I have one wish

I have one wish,
To fly over the Ocean,
Under the blue vault,
On the Magic Bird.

To climb up, and upper,
Floating toward the West
And the sun tireless,
Pushes the hot horses.

In the splendor of the moon,
I see the world's cathedral,
With gold gilded,
And by stars pinned.

The shining stars
Are the supporters,
And dripping everywhere
Large suns, many thousands.

I have big desire:
To fly over Atlantic,
Over enormous waters,
To be close to the stars.

Flying to Sunset,
I'll be lost in Infinite.
But look not far away,
The new world appears.

Then we go down smoothly,
To leave the clear skies.
A greatest joy than this,
It cannot exist!

Ana Dediu – The Four Graces

I have only one year,
And I'll fly over the Ocean,
To see you all
Son, daughter in law and grandchildren!

I'll be greeted with flowers
With tears and shivers,
And even if I'm ugly,
They'll still kiss me.

They are everything that's holy
On this earth,
And I don't know what to do,
That's why quietly cry.

I have them now in my view
And tenderly I hug them,
I cuddle to my chest,
How much I missed you all.

And then I have another wish;
To come back home,
To come home over again,
For you not to be a burden.

And without knowing,
To become a nonentity,
Because any mortal
Has the death as debt!

June 20, 1979

Ana Dediu – The Four Graces

Mai am un singur dor

Mai am un singur dor ,
Peste Ocean să zbor,
Sub bolta cea albastră,
Pe pasărea măiastră.

Să urc mai sus, mai sus,
Plutind tot spre Apus
Iar soarele cu-alai,
'Ş mâna focoşii cai.

Ci în splendoarea Lunii,
Văd catedrala lumii,
Cu aur poleită,
De stele ţintuită.

Luceferi lucitori,
Îi sânt sprijinitori,
Şi picură-n tării
Sori mari, multe mii.

Mai am un dor amarnic:
Să zbor peste Atalantic,
Peste imense ape,
Să am aerul aproape.

Zburând spre Asfinţit,
Mă pierd în Infinit.
Dar iată-ndepărtare,
Pământul nou apare.

Apoi să cobor lin,
Să las cerul senin.
Mai mare bucurie,
Nu poate ca să fie!

Ana Dediu – The Four Graces

Mai am us singur an,
Şi zbor peste Ocean,
Ca să vă văd peste toţi,
Fiu, noră şi nepoţi!

Voi mă primiţi cu flori,
Cu lacrimi şi fiori,
Şi-aşa cum sunt de slută,
Ei mereu mă sărută.

Că sunt ce am mai sfânt,
Pe acest pământ,
Şi nu ştiu ce să fac,
De aceea plâng şi tac.

Îi am acum în faţă,
Şi-i strâng cu drag în braţe,
Îi strâng la pieptul meu,
Că tare mi-a fost greu.

Şi apoi mai am un foc;
Acasă să mă întorc,
Să vin acasă iară,
Să nu vă fiu povară.

Şi aici fără ştiinţă,
Să intru-n nefiinţă,
Că orice muritor,
C-o moarte e dator!

20 Iunie, 1979

Ana Dediu – The Four Graces

Variant: I have a wish

And I have to perish,
Between Earth and Heaven,
I'm going to infinity,
Where I came from.

And there I am no human,
I'm just an atom,
Whichever wanders,
Rest doesn't find.

The whole world,
Doesn't stay still ever
But it's eternally in motion,
And transformation.

So indefinitely
In a circuit,
The matter is living,
Doesn't ever rot.

And I have to perish,
By lightning flashed,
Between Earth and Heaven,
The sky shattered,
Then I will float,
Over enormous waters,
And always will be,
Nearer you.

I'd like you to remember,
And not to be given,
The children to forget you,
As you forgot me.

Ana Dediu – The Four Graces

And in the threshold of old age,
It would be a hard sin
The children to forget you
As I was forgotten.

I'd like o to forget us,
But this is not possible,
To forget the parents,
It's the hardest of all.

As I have loved you,
The children will love you,
And how you left me,
They will leave you.

August 1979

Michael Dediu, a Parisian style building (1880) in
Bucharest, on Lipscani Street, 14 Oct. 2014

Ana Dediu – The Four Graces

Variantă: Mai am un singur dor

Şi de-o fi să pier,
Între Pămînt şi cer,
Mă duc în infinit,
De unde am venit.

Şi nu mai sunt om,
Sunt doar un atom,
Ce veşnic rătăceşte,
Hodină nu-şi găseşte.

Că lumea toată,
Nu stă în loc vreodată,
Ci veşnic e-n mişcare,
Şi în transformare.

Aşa la infinit,
Într-un circuit,
Materia trăieşte,
În veci nu putrezeşte.

Şi de-o fi să pier,
De trăsnet fulgerată,
Între pămînt şi cer,
În vazduh spulberată.
Atunci eu voi pluti,
Peste imense ape,
Şi tot mereu voi fi,
De voi tot mai aproape.

Aş vrea ca să ţii minte,
Şi să nu-ţi fie dat,
Copii să te uite,
Precum tu m-ai uitat.

Ana Dediu – The Four Graces

Şi-n pragul bătrâneţii,
Ar fi tare păcat,
Copii să te uite
Precum tu m-ai uitat.
Aş vrea ca să ne uiţi,
Dar asta nu se poate,
Ca să uiţi pe părinţi,
Este mai greu ca toate.

Michael Robert (8 years, the son of Ovidiu Dediu), Christmas 1999, Oakland, USA

Ana Dediu – The Four Graces

Michael Robert (10 years, the son of Ovidiu Dediu),
2001, 5th grade

C-aşa cum te-am iubit,
Copiii te-or iubi,
Şi cum m-ai părăsit,
Ei te vor părăsi.

Ana Dediu, August 1979

Ana Dediu – The Four Graces

Wedding anniversary

Fifteen years gathered,
Since your wedding,
The rings you have changed
And both married.

To pass a couple of dozens,
To make about 50,
Gold wedding to be,
With growing joy.

Until this wedding
We wish you health;
Over your new house,
Only successes to rain.

Have a quiet life,
Work hard and honest,
We thus see you going
And virtues carrying.

That my soul tenderly,
We'll remain faithful
And I love you so,
I do not think you mind.

Closer always I feel you,
Close to my chest,
To the parental earth
"I wish you Happy Anniversary"

Mother, July 22, 1979
(15 years - July 22, 1964 - July 22, 1979

Ana Dediu – The Four Graces

La aniversarea nunții

Cinș-pe ani s-au adunat,
De când a-ți purces la Sfat,
Inelele le-ați schimbat,
Și-amîndoi v-ați cununat.

Să mai treacă alte zeci,
Și să faceți vreo 50,
Nunta de aur să fie,
Cu mai multă bucurie.

Până la această nuntă,
S-aveți sănătate multă;
Peste casa voastră nouă,
Numai cu izbânzi să plouă.

Să aveți traiul tihnit,
Să munciți din greu cinstit,
Vă văd astfel în gând
Și virtuți desfășurând.

Că sufletul meu duios,
Vă rămâne credincios,
Și că vă iubesc așa,
Nu cred că vă supără.

Aproape vă simt mereu,
Aproape de pieptul meu,
De pământul părintesc,
"La mulți ani eu vă doresc"

Mama
22 Iulie 1979
(15 ani – 22 Iulie 1964 – 22 Iulie 1979

Ana Dediu – The Four Graces

My daughter in-law Sophia

Sophia my dear,
And my darling daughter in-law,
I love you like a daughter,
With all my affection.

That you so dear to me,
I very much would like,
That you to know that all my life,
I will love you.

MihaiDediu and SofiaScarlat, 1960, 10th grade.

You are a tender mother,
Wife the same,
And loving daughter,
How a mother wanted.

And your old in-laws,
How much you have spoiled
You sought to assuage,
Their longing inexhaustible.

That at our heavy years,
Balsam you have dropped,
And even when we were mean,
You didn't get angry.
We are also two mothers,

Ana Dediu – The Four Graces

And two grandmothers,
When meet,
We don't forget the little ones.

Mihai Dediu and Sofia Scarlat, April 12, 1961, 11th grade, just before finishing the high school

And as we tête-à-tête along,
We sometimes burst into tears,
That way we forget,
How much we miss each other.
We are grateful,
For everything you've done,
And kiss a thousand times
Your pretty face.
    September 15, 1979

Mihai Dediu and Sofia Scarlat, 1963, students 3rd year

Ana Dediu – The Four Graces

Nora mea Sofica

Pe tine dragă Sofică,
Şi scumpă nora mea,
Te iubesc ca pe o fiică,
Cu toată dragostea.

Că îmi eşti atât de dragă,
Eu tare mult aş vrea,
Ca să ştii că viaţa-n treagă,
Eu te voi adora.

Tu eşti o mama duioasă,
Soţie a-şişderea,
Şi o fiică drăgăstoasă,
Cum mama îşi dorea.

Şi pe socrii tăi bătrâni,
Ce mult i-ai răsfăţat,
Ai căutat ca să le-alini,
Dorul lor nesecat.

Că la anii nostrii grei,
Balsam ai picurat,
Şi chiar când noi am fost mai răi,
Tu nu te-ai supărat.

Noi mai suntem mame două,
Şi tot două bunici,
Când ne-ntâlnim amândouă,
Nu-i uităm pe cei mici.

Şi-aşa cum sporăvăiam,
Mai izbucneam în plans,
Că prin plâns noi ne-amăgeam,
Dorul că l-am mai stins.

Ana Dediu – The Four Graces

Îți suntem recunoscători,
De tot ce ai făcut,
Și sărutăm de mii de ori
Chipul tău prea plăcut.

15 Septembrie 1979

Sofia Scarlat, Dragalina, July 1963, before starting the 4th year as a student in Mathematics

Ana Dediu – The Four Graces

The house you left behind

I went the "White Lake"
In vain I wanted to see you
Not even in the "Horseshoe" flat
I've not find you learned!

Then I went up the elevator,
To see at least the door,
In front of it I've stopped,
I rang the bell in vain.

And I remembered fondly,
How so many times,
The three of us descended,
All of us and the stroller.

No one knew you,
Nobody saw you,
Only the lake remembered,
That you passed through here.

The moon when it rises,
And mirrors in the lake,
Looks at it careless,
So it does for centuries.

And then I get back home,
Without any sense,
Mother with luck,
I wouldn't rather be.

On the Costineşti Alley
I pass from time to time,
But you do not see me,
With your gentle blue eyes.

Ana Dediu – The Four Graces

I stop by your house
As in other times,
But you don't come behind the curtain,
To call me in.

On the alley is nobody,
No steps I can hear,
Sad the cranes are headed,
Again to the south.

Three times now were collected,
The Grapes and the apples,
And I'm coming in your way,
Every night.

At the kitchen's window,
The Ivy every year,
Changed the green in purple
And lost the leaves in vain.

September 20, 1979

Sofia Scarlat, July 1963, Mangalia, in vacation, before starting the 4th year as a student in Mathematics

Ana Dediu – The Four Graces

Casa părăsită

Şi am fost la "Balta Albă",
Zadarnic v-am căutat,
Căci nici la blocul "Potcoavă",
Eu nu v-am mai aflat!

Apoi cu liftul m-am suit,
Să văd uşa măcar,
În faţa ei eu m-am oprit,
Am sunat în zadar.

Şi cu drag îmi aminteam,
Cum de-atâtea ori,
Cu-te-trei noi coboram,
Cu tot cu cărucior.

Nimeni nu vă cunoştea,
Nimeni nu v-a văzut,
Numai lacu-şi amintea,
Că pe-aici aţi trecut.

Că Luna când răsare,
Se oglindeşte-n lac,
Îl priveşte nepăsătoare,
Aşa din veac în veac.

Şi-acasă iar mă-ntorc,
Fără de nici un rost,
Mamă fără de noroc,
Mai bine n-aş fi fost.

Pe Aleea Costineşti,
Mai trec din când în când,
Dar tu nu mă mai priveşti,
Cu-n ochi albastru blând.

Ana Dediu – The Four Graces

Mai trec pe la casa ta,
Ca și în alte vremi,
Dar tu-napari după perdea,
În casă să mă chemi.

Aleea este parasite,
Pașii nu se mai aud,
Triști cocorii se îndreaptă,
Di nou către sud.

C-a treia oară s-au cules,
Poama și merele,
Iar eu în calea voastră ies,
În toate serile.

Pe geam la bucătărie,
Iedera an de an,
A devenit purpurie,
S-a scuturat în van.
 20 Septembrie 1979

Athénée Palace (1888), The Concert Atheneum, Bucharest, 11 Oct. 2014

Ana Dediu – The Four Graces

Orphans

Have been over two years
Since we remained
Parents of children orphaned,
Only superfluous parents.

Have passed two years
Since they left,
And since then we became orphans,
For they did not return!

It's been so bitter
Days and nights,
And it came another fall,
Still without the grandchildren.

But the moon always rises,
She goes on the same road,
And careless passes,
Today as yesterday.

And we remained icy,
We do not even mind,
Neither at the time that passes,
Because I'm still waiting for them.

And the cherry on standby
The foliage let go,
Only you from afar
Did not show up.
Your children will love you
How you loved me not,
Even they will not leave you,
How you have left us.
September 10, 1979

Ana Dediu – The Four Graces

Orfani

Şi-au trecut peste doi ani,
De cînd noi am rămas ,
Părinţi de copii orfani,
Doar părinţi de prisos.

Şi-au mai trecut doi ani,
De cînd ne-au parasite,
Şi-am rămas de-atunci orfani,
Căci ei n-au mai venit!

A trecut atât amar,
De zile şi de nopţi,
Şi-a venit o toamnă iar,
Tot fără nepoţi.

Dar Luna mereu răsare,
Merge pe-acelaşi drum,
Şi trece nepăsătoare,
Şi ieri ca şi acum.

Ci pe noi ne lasă rece,
Nici nu mai cugetăm,
Nici la timpul care trece,
Doar tot îi aşteptăm.

Şi cireşu-n aşteptare,
Frunza şi-a lepădat,
Numai voi din depărtare,
Nu v-aţi mai arătat.
Şi copiii te-or iubi,
Cum tu nu m-ai iubit,
Nici când ei nu te-or părăsi,
Cum tu ne-ai părăsit.
10 Septembrie 1979

Ana Dediu – The Four Graces

July 22, 1980
(16 anniversary of Michael and Sophia)

Now sixteen years, you have united for life
And you went straight ahead with zeal, and courage.
You left your country for a foreign land
Believing that there, I never could come.
But look, in the twilight of my turbulent life
I made a step, as yours half;
But my gigantic step for me,
Left no trace, and is small for-humanity.

    July 7, 1980

22 Iulie 1980
(16 ani de la căsătoria lui Mihai cu Sofica)

Acum şaişpe ani, voi, v-aţi unit pe viaţă,
Şi-aţi mers drept înainte, cu râvnă, cutezanţă.
Plecata-ţi chiar din ţară pe un pămînt străin
Crezând, că pe acolo, eu n-am să pot să vin.
Dar iată, că-n amurgul vieţi-mi zbuciumate,
Eu am făcut un pas, cât voi pe jumătate;
Dar, pasu-acesta mare, gigantic pentru mine,
Nu lasă nici o urmă, e mic, pentru-omenire.

    7 Iulie 1980

Ana Dediu – The Four Graces

Thoughts, thoughts, sad thoughts

Now you are in that country so far,
I remember you, I'm deeply shaken
The night's life is deep and winds cry
My heart today is filled with you.

I hope to add the years tens and tens!
If I'm still alive, I owe to you forever.
Soon my tired spirit will fly into nihility,
And the weary bones will incinerate.

But your great memories I'll still keep,
When this heart will be turned in ashes,
Because the great memory will not be lost ever,
In its night, with unmeasured time.

Fortune in your life, continually to get,
A comfortable fate, better than mine!
Fortuna cruelly punished me
There is no measurement for my grief!

I suffer so much here, every day,
More than anyone can imagine,
And if I would have countless mouths
I still cannot explain my unhappiness.

You stopped there on a distant land
And you'll not come home to see you again!
Now I find that forever
You left this earth of your parents.

Because of the wild and terrible "ideal"
You left your native land forever.
The one whose life I gave myself
For the rest of my life and forever left me!
      23 February 1979

Ana Dediu – The Four Graces

Gânduri, gânduri, triste gânduri

Acum, când eşti în ţara atât de depărtată,
Îmi amintesc de tine, adânc cutremurată
Adâncă-i noaptea vieţii şi vânturile plâng
De tine plin mi-i astăzi al inimii adânc.

Adaoge-se anii, la număr zeci şi zeci!
De mai trăiesc, doar ţie îţi sunt datoare-n veci.
Curând, truditu-mi spirit în neant va zbura,
Ciolanele trudite le vor incinera.

Dar marea amintire ţi-o voi păstra oricum,
Când inima aceasta se va preface-n scrum,
Dar marea amintire n-o va-nghiţi vreodat,
În noaptea lui, nici timpul de nimeni măsurat.

Prielnici fie-ţi sorţii, necontenit să-ţi dea,
O soartă mai tihnită, mai bună ca a mea!
Căci pe mine Fortuna mă pedepseşte crunt
Nu sunt închipuire osândele ce-nfrunt!

Atît de mult eu sufăr aicea, zi de zi,
Mai mult decât oricine, îşi poate-n chipui,
Şi guri nenumărate dac-aş avea, nu pot
Să-mi spun nefericirea, să-mi spun veninul tot.

Că te-ai oprit acolo pe un tărâm îndepartat
Şi n-o să vii acasă, să te văd niciodat!
Căci pentru totdeaun, acuma eu găsesc
Ca-i părăsit pe veci pământul acesta părintesc.

Căci pentru ne-nblânzitul, cumplitul "ideal"
Ai părăsit pe veci pământul tău natal.
Că acela cărui viaţă eu i-am dăruit
Pe tot restul vieţii, pe veci, m-a părăsit!
        23 February 1979

Ana Dediu – The Four Graces

24, 25 February 1979

Come back home endearing and good child,
Don't be late, so from our exile,
Come back to your mother who waits at dusk
To see the tears flowing on my face.

Have luck in the world and a quiet life,
And think at your unfortunate mother
That she is still alive, but it's late, late,
A terrible desire is eating me, but I cannot come.

I cannot find the coveted rest nowhere
I'm overwhelmed by sadness, unhappiness.
Even if you're the world's genius, do not worry,
If the repose is missing, you can't even dream.

My eyes are filled with tears and dark now,
To ever think at the glorious years!
Long ago when the luck was holding in its arms,
I was burning as of thirsty to become someone.

To conquer a honest and renowned name;
Now I see that on my way I lost all of them.
And I feel strangled sadly
That in my lifetime will never see you again.

How sad is a departure, you know it very well,
The lightning from you fell on my head!
And hit me harshly, deeply I was flashed.
Since I'm fleeing in terror when thunder sticks.

I am as the seafarers in the deep seas,
Thrown suddenly by the wind with the water on the rocks,

Ana Dediu – The Four Graces

I remain in waves filled with sadness,
And I would need wings or paddles.

But no one pulls me from where I fallen,
And I'm drowning under the tides, high winds beat me,
The huge mass pushes me and walking
I cannot say what I have now in my thoughts.
So many thoughts, life, upon life are not enough!
OHIO's another world and is so far away, too far!
And I stay here, very unhappy,
At the other edge of this earth.

The Victory Way, with the Telephone Palace (center up), Bucharest, 1935.

Ana Dediu – The Four Graces

24, 25 Februarie 1979.

Înoarce-te acasă vlăstar duios și bun,
Ne-ntârziat pornește, așa ca din surghiun,
Întoarce-te la mama, ce te-așteaptă-n amurg
Să vezi a mele lacrimi pe fața mea cum curg.

Să ai parte în lume de-o viață liniștită,
Să te gîndești la mama cea mai nefericită,
Că mai trăiește încă, dar e târziu, târziu,
Cumplit mă roade dorul, da nu pot să viu.

Căci nu găsesc râvnita odihnă nicăieri,
Că mă tot pasc atâtea tristeți, nefericiri.
De-ai fi chiar geniul lumii, nu te mai frământa,
Odihna de-ți lipsește, nici nu mai poți visa.

Ochi-mi sunt plini de lacrimi și prea întunecoși,
Spre-a mai gândi vreodată la anii glorioși!
De mult, pe când norocul, în brațe mă purta,
Ardeam ca de o sete s-ajung și eu ceva.
Să-mi cuceresc un nume cinstit și cunoscut
Acum văd că pe toate pe drum eu le-am pierdut.
Și simt că mă sugrumă părerile de rău,
Că niciodată-n viață n-o să văd chipul tău.

Ce tristă-i despărțirea, o știi prea bine tu,
Că trăsnetul la tine pe capul meu căzu!
Căci m-a lovit năprznic, adânc m-a fulgerat.
Și fug de-atunci cu groază, când tunetele bat.

Sunt ca navigatorii, din mări vechimi adânci,
Zvârliți de vânt deodată, cu apa, printre stânci,
Și eu rămân în valuri pătrunsă de tristeți,
Și aș avea nevoie, de aripi, de lopeți.

Ana Dediu – The Four Graces

Dar nimeni nu mă scoate de unde am picat,
Și valul mă îneacă și vânturi mari mă bat,
Poavara uriașă m-apasă și mergând
De ți-aș mai spune câte îmi trec acum prin gând.

Pentru atâtea gânduri, vieți, vieți n-ajung!
Pe altă lume-i OHIO și drumu-i lung, prea lung!
Și eu rămân aicea, nefericită sunt,
La-ndepărtate margini de pe acest pământ.

Michael and Sophia Dediu, The CEC Bank, The Victory Way, Bucharest, 12 Oct. 2014

Ana Dediu – The Four Graces

Nine hundred and seventy - seven

It was around nine hundred and seventy seven,
Year when I had only trouble
And it was the eighth day of the month of August
From the cup of parting I had to taste.

In the last days you had to sleep at us,
But I had no power not to let you go
And daughter in law and grandchildren held their emotions,
Regrets and tears which can't be stopped.

On the sky the Moon was pulling the heaven stunning trotters,
Pupa Ana secretly was crying big tears,
To say goodbye to the house you went
But you could not enter; the seal was placed!

And it was hot outside and the sun shone,
But for you the heat stopped being spread,
I was praying that you have some pity
And don't leave us under the solitude treat.

Was past midnight and the time went forward,
The Big Dipper cart slowly moved.
And you could see the day on the whitish trails
When forever you'll leave your parents.

I remember, as you to the door started.
I stopped you for a moment longer to stay,
And I could not find words to stop you,
And I could not find the words to say,
Let's all sit down for a moment to chat.

Ana Dediu – The Four Graces

And I was hiding my storm that trembled in my voice,
And you were saying "it's time" but when passing the threshold
I was in terrible grief, that I'm losing everything I love!
And I said again "There is still time, why rush
I'll never see you in my house again."

Then we started. Again I came back to the house,
And again parting hugs and kisses
For my darling grandchildren, I held the close to my chest,
They have been balm for me during my hard times!

"Goodbye! Only luck to find in your way.
Sophia, make sure to write from there, far away!"
And far away you've gone all at once
The day star dripped.
Star of dawn shone in infinite
Predicted just hard times, and misfortune.

Ana Dediu – The Four Graces

Nouă sute şaptezeci şi şapte

Era prin nouă sute şaptezeci şi şapte,
An când de necazuri avut-am numai parte
Şi era ziua opt a lunii lui August
Din cupa despărţirii a trebuit să gust.

In ultimele zile la mine aţi dormit,
Dar n-am avut putere ca să vă fi oprit
Şi nora şi nepoţii de-abia îşi stăpâneau,
Regretele şi plânsul care îi podideau.

Mâna pe ceruri Luna superbii telegari
Pupa Ana în taină plângea cu lacrimi mari,
Să vă luaţi adio, la casă voi v-aţi dus
Dar n-aţi putut intra; era sigiliul pus!

Şi era cald afară şi soarele lucea,
Dar pentru voi căldură el nu mai răspândea,
Şi mă rugam de voi ca să vă înduraţi
Pradă singurătăţii pe noi să nu ne daţi.

Trecuse miezul nopţii şi timpu-nainta,
Şi Ursa Mare, carul încet şi-l înturna.
Şi se zărea de ziuă pe alburii poteci
Părinţii voi atuncea îi părăseaţi pe veci.

Îmi amintesc, cum voi, spre uşă vă porneaţi.
Eu vă opream, o clipă, acasă să mai staţi,
Şi nu găseam cuvinte cu care să vă-nbun,
Şi nu găseam cuvinte prin care să vă spun,
Să mai şedem cu toţii o clipă la taifas.

Şi-mi ascundeam furtuna ce-mi tremura în glas,
Şi voi spuneaţi: "e vremea": dar cum păşeaţi pe prag

Ana Dediu – The Four Graces

Cumplită-mi era jalea, că pierd ce mi-i mai drag!
Strigam mereu "Mai este, la ce să vă grăbiți
Doară la mine-n casă, nicicând nu mai veniți".

Apoi porneam. Și iarăși în casă mă-ntorceam,
Și iar de despărțire pe-ai mei îi sărutam.
Pe nepoțeii galeși îi strâng la pieptul meu,
Ei fost-au pentru mine balsam, în ceasul greu!

"Duceți-vă cu bine! De noroc s-aveți parte.
Vezi să-mi mai scrii Sofica, de-acolo, de departe!"
Și-ați plecat cu toții în depărtări deodat'
Luceafărul de ziuă pe cer a picurat.
Luceafărul de ziuă lucea-nemărginiri
Vestea doar vremuri grele, vestea nenorociri.
1977

Virgil Dediu with grandsons Horațiu and Ovidiu,
Mangalia, August 8, 1971

Ana Dediu – The Four Graces

Enjoy the wedding

Ovidiu is licensed
And ready to marry.
Enjoy life
Enjoy the Sun.

Ovidiu, Horatiu and Sofia Dediu, at an exposition displaying the NASA Command Module Apollo 10 (to the Moon on May 18-26, 1969) in Bucharest, 1972

Alice is a good girl
And with her he'll marry.
Enjoy life
Enjoy Moon.
There are two young healthy
And pure soul.
Enjoy life

Ana Dediu – The Four Graces

Enjoy all.
And in this day holy,
I gather you all in my arms,
Let us rejoice the wedding
Let us enjoy life.
Pupa Ana, July 22, 1988

Ana Dediu, Ovidiu, Horace, Sophia and Virgil, NASA Assembly Building, Kennedy Space Center, Cape Canaveral, Florida, USA, July 1982

Ana Dediu – The Four Graces

Bucurați-vă de nuntă

Ovidiu-i licențiat
Și gata să se însoare.
Bucurați-vă de viață
Bucurați-vă de Soare.

Alice este o fată bună
Și cu ea el se cunună.
Bucurați-vă de viață
Bucurați-vă de Lună.

Sunt doi tineri sănătoși,
Și suflete curate.
Bucurați-vă de viață,
Bucurați-vă de toate.

Și în ziua asta sfântă,
Eu vă strâng pe toți în brațe,
Să ne bucurăm de nuntă,
Să ne bucurăm de viață.

Pupa Ana
22 Iulie 1988

Ana Dediu – The Four Graces

Horăţel (35)

You are a capacity,
And work for three states
The most important
And the richest
America, France, Finland.

Horăţel (35 ani)

Eşti o capacitate,
Că lucrezi pentru trei state
Din cele mai importante
Şi din cele mai bogate
America, Franţa, Finlanda.

Horace Dediu at GTE Labs, April 5, 1990

Ana Dediu – The Four Graces

Iassy

60 years ago
On the Păcurari street
Was born Mihai Dediu
"Happy Birthday"!

Iași

Acum 60 de ani
Pe cișmeaua Păcurari
S-a născut Dediu Mihai
Să trăiască întru Mulți Ani

Ana Dediu, Mihai (1 year, 5 months) and Virgil (still fighting with the Allies against Germany), April 2, 1945 (close to the end of War World II).

Ana Dediu – The Four Graces

The three celebrated

To be protected from troubles
To leave Many Years
Along with the three Mihai.

Cei trei sărbătoriți

Să fie de rău feriți
Să tăiască întru Mulți Ani
Alături de cei trei Mihai.

Mihai Dediu with sons Horațiu (up, 1 year 2 months)
and Ovidiu (2 years 5 months), April 26, 1969

Ana Dediu – The Four Graces

Sophia 60 Mihai

Born in the same year
In Moldova of Ştefan
Sophia and Mihai

120 years. [They're reached 60 years]

Sofia 60 Mihai

Născuţi în acelaşi an
In Moldova lui Ştefan
Sofica şi Mihai

120 de Ani. [Au ajuns 60 de ani.]

Ana Dediu (middle, at 90 years) with Mihai and Sofia,
June 30, 2002, Bucharest

Ana Dediu – The Four Graces

Cruelty

I don't know how others do, but I before the bedtime I go to that intimate and limited place where the man is alone with himself, where he leaves the debris and poisons that the body does not need.

But last night when I got there I see something black fast moving. A shriek stopped in my throat - it was night and I held it in, and I wait, and suddenly something dark goes by my feet and bursts to the door.

Then I see with a tremendous fear that it's a mouse. Alas! What do I do? Quickly I shut the door and I'm think what to do? To let it out goes into the house, we had one that went up on the curtain. No! Quickly I take a brush, special for cleaning the toilet, and I start the battle; me, the giant and it small, helpless and full of fear.

The fight is shameful unequal but it is extremely fast. I was armed but even so I was hitting always next to it. It is struggled to come up on one leg and with its small legs scratches or bites me, I don't know what it does. I wobble the legs, shake the dress, to stop its ascension because who knows where it goes, I hit with the brush, with my hands, and finally falls down, but he goes into a corner, I followed him, is running in another corner, I follow it but I cannot hit it; bang here, bang there, it makes some twists just when I was sure that I touched it. And disappears.

I sit on the lid of the toilet to catch my breath, the sweat is dripping into my eyes and stung me - it was a heat - from the nose drips into the mouth - that's salty! Began to look for it; is like entered into the ground; I move some bottles, on my knees I look everywhere but I can't see it.

Hey, the hell' creature how it disappeared, it had nowhere to go out!

Ana Dediu – The Four Graces

But was there a metallic canister, I pull the canister towards me, maybe it might flee on to the right or left, if it's there. Yes! It is, and I see it and I am terribly scared, my heart is beating worse than when I saw it first!

But the mice, the clever Mickey Mouse, makes it self-tiny and slips under the canister thinking that I, its giant enemy I did not notice. And now comes the cruelty born of desperation, from the fear of self-preservation - and I push down the canister to crush it, careful not to let it out I push with all the power although it did not oppose any resistance! Nor could I hear crushing its little bones.

I had no courage to look to see if it's moving. I notice that his neck was just outside of the canister and is not moving any more, but even so I was afraid of it and I disgusted of myself that I destroyed an animal, which the man cannot build.

Virgil noticed that I was staying there so long and asked me why? – "I killed mice" I said with low voice, weary of power, fear and cruelty that I mastered for a few moments. He comes; he convinces himself of my bravery, takes it by its tail and throws it on bin.

I could not make this gesture, I was afraid of the mouse even so as it was still!

And I went to bed, but I fell asleep only in the morning, thinking about how a man in his despair and with a last exertion uses cruelty.

Pupa Ana
July 26, 1985

Ana Dediu – The Four Graces

Cruzime

Nu ştiu cum fac alţii, dar eu înainte de culcare mă mai duc odată în acel intim şi restrâins loc, unde omul este singur cu sine însuşi, unde îşi lasă resturile şi otrăvurile de care corpul omenesc nu are nevoie.

Dar astă noapte când să ies eu de-acolo odată văd ceva fulgerător negru. Un ţipăt mi s-a oprit în gât – că era noapte şi mă stăpânesc şi aştept, şi deodată ceva negricios îmi trece pe la picioare şi dă buzna la uşă.

Atunci observ cu o nemaipomenită spaimă ca e un şoarece. Vai! Ce mă fac? Inchid repede uşa şi mă gândesc ce să fac? Să-l las să iasă, se duce în casă, că am mai avut unul care se suia pe perdea. Nu! Repede iau pămătuful acela special cu care se spală WC-ul şi pornesc la luptă; eu cogeamite şi el mic, neajutorat şi plin de spaimă.

Lupta e ruşinos de inegală dar el este extrem de iute. Eu deşi înarmată nimeresc tot pe delaturi, el se zbate se suie pe un picior şi cu gheruţele lui mă zgârâie sau mă muscă, nu ştiu ce face, eu bat din picior, scutur rochia, tot înaintea lui ca să-i opresc ascensiunea că cine ştie unde nimereşte, mă lovesc cu palma, cu pămătuful şi în fine cade jos, dar o ia la fugă într-un colţ, eu după el, fuge în alt colţ, eu după el dar nu-l nimeresc în ruptul capului; poc încolo, poc încoace el face nişte întorsături tocmai când eram mai sigură ca l-am atins. Şi dispare.

Eu mă aşez pe capac ca să-mi trag sufletul, sudoarea îmi curgea în ochi şi mă usturau – era o caldură – de pe nas intra în gura – ce sărată e! Incep să-l caut; parcă a intrat în pământ; mut niste sticle, mă pui în genunchi mă uit peste tot nu-i şi nu-i.

Măi, a naibii lighioană cum a dispărut aşa, că n-a avut pe unde să iasă!

Ana Dediu – The Four Graces

Dar mai era acolo a small canister bidonaş, trag eu bidonul spre mine ca el să poată fugi sau la dreapta sau la stânga, dacă o fi acolo. Da! Este, îl zăresc şi mă sperii amarnic, inima îmi bate mai rău ca atunci când l-am văzut prima dată!

Dar el şoricelulu isteţul Micki Mouse, se face mai mititel şi se vâră sub bidonaş crezând că eu uriaşul lui duşman nu l-am observant. Şi acum intervine cruzimea născută din disperare, din frică din instinctul de conservare – şi apăs cu putere bidonul ca să-l strivesc, nu cumva să-l scap şi apăs cu toată puterea deşi nu mi se opunea nici o rezistenţă! Şi nici nu auzeam cum îi strivesc micile lui osicioare.

Nu aveam curajul să mă uit să văd dacă mai mişcă. Observ că avea gâtul chiar la marginea bidonaşului, că nu mai mişcă, dar şi aşa îmi era frică de el şi scârabă de mine că am nimicit o vietate pe care omul nu poate s-o construiască.

Virgil a văzut că stau aşa mult acolo şi m-a întrebat dece? – Am omârat un şoarece zic eu cu glasul scăzut, istovită de puteri, de frică şi de cruzimea ce m-a stăpânit câteva clipe. Vine el, se convinge the marea mea vitejie îl ia de codiţă şi îl aruncă pe gheană.

Eu nu am putut face acest gest îmi era frică de şoricel şi aşa nemişcat cum era!

Şi mă duc la culcare, dar n-am adormit decât spre ziuă gândindu-mă cum omul în disperare şi cu o ultima sforţare se foloseşte de cruzime.

Pupa Ana
26 Iulie 1985

Ana Dediu – The Four Graces

The shooting of the President

When I heard
I was shocked
That was shot
Roland Reagan.

That shocked me
Really was he shot?
Is this true?
What happened?
And it hit him?

Will he die?
And hot bullet
How many killed?
I want know exact
What happened?

How that dishonest
Got next to him?
To be allowed to stand
In front of the President?

How? At White House
One can have
Entry permit
So, any time they want?

How those who enter
Are not controlled?
If he has sick mind
Why to the President
An innocent
The bullet discharged?

And those who guard him

Ana Dediu – The Four Graces

They could not see
When the killer
The gun fired?

Why an empty head
To carry a gun?
How? Why a fool
Could not be stopped,
And he can gun fire
On the innocent people?

Its freedom
Even to murder?
And is missing
When you don't have your rifle?

If everyone
Throws into the sea?
The be shot
And escaped alive
Is happiness
You enter in immortality.

Can you Horăţel
To contribute in some way,
So you can have everything
To have also Freedom?
But to be safety
To live your life fully!

And poor Pope
Got into big trouble.
The bullet enters in the flesh,
The Spirit does not want to know!
The Pope prays always
But in vain to God!

Ana Dediu – The Four Graces

And so imperceptible
I wrote these words.
If you will not be pleased,
Throw them in the lake!

And of you like them a bit,
Put them in a booklet
When you'll find them later,
Where I will be?

Anna Dediu, June 8, 1981

Horatiu (1 year 5 months) and Ovidiu Dediu (2 years 8 months), showing a newspaper with the announcement of the first man on the Moon (Neil Armstrong with Apollo 11, on July 20, 1969 at 9:56 PM EST (New York time)), Mangalia, July 21, 1969.

Ana Dediu – The Four Graces

Împuşcarea Preşedintelui

Când am auzit
Am rămas uimit
C-a fost împuşcat
Reagan Roland.

Asta m-a şocat
Chiar l-a împuşcat?
E adevărat?
Cum s-a întâmplat?
Şi l-a nimerit?

Oare a murit?
Şi glonţul încins
Pe câţi a ucis?
Vreau să ştiu curat
Cum s-a întâmplat?

Cum acel mişel
A ajuns la el?
Să stea înainte
Chiar la Preşedinte?

Cum? La Casa Albă
Poate ca să aibă
Permis de intrare
Aşa, ori şi care?

Cum acei intraţi
Nu sunt controlaţi?
Dacă n-are minte
Dece-n Preşedinte
Un nevinovat
Glonţu-a-ndreptat?

Ana Dediu – The Four Graces

Şi cei puşi de pază
N-au putut să vadă
Când cel ucigaş
Din pistol a tras?

Dece un cap gol
Să poarte pistol?
Cum? Dece un smintit
Nu este oprit,
Şi poate să tragă
Intr-o lume-ntreaga?

Este libertate
Chia l-asasinate?
Şi lipseşte ea
Când n-ai puşca ta?

Dacă fiecare
O aruncă-n mare?
Să fii împuşcat
Cu viaţă scăpat
E o…fericire
Intri-n nemurire.

Poţi tu Horăţel
Să contribui într-un fel,
Ca să poţi avea de toate,
Ca să ai şi …Libertate?
Dar să ai şi siguranţa
Să-ţi trăieşti din plin viaţa!

Şi Papa săracu
A dat peste dracu.
Glonţu intră-n carne vie,
De Sfânt nici nu vrea să ştie!
Papa se roagă mereu

Ana Dediu – The Four Graces

In zadar la Dumnezeu!
Și așa pe nesimțite
Am scris aceste cuvinte.
Dacă nu-ți vor fi pe plac,
Să le-arunci tocmai pe Lac!

Iar de-ți plac o lecuță,
Pune-le-ntr-o cărticică
Când le vei găsi târziu,
Eu pe unde o să fiu?

Ana Dediu, 8 Iunie 1981

Michael Dediu, Horațiu, Sophia, Ana, Ovidiu and Virgil, in Cleveland, Ohio, USA, July 1989.

Ana Dediu – The Four Graces

The assassination attempt

Ovidiu! Were you also moved?
By the assassination attempt!
The reckless bullet
And the computer hit!

And it was terrified
And the color TV
Was filled with creeps.
The world was shocked.

President -gunshot!
It showed a struggle
And a great scrimmage,
Some fell down
Reagan was not seen.

Might have died?
What easily you breathed
When you finally found
That although he was shot
With life he escaped.

And you saw the rabid
They got and bound him,
And they took him to jail
Not to see the sun again.

But to stay as a jerk
There in the dark
And the world without him
One less crazy around!

And as these words
May not quite expressive

Ana Dediu – The Four Graces

And if you do not like them,
Throw them in the fire.

If you like them a bit,
Put them in corner,
And once unthinkable,
There will be found.

And casting your eyes once
The tragedy of it all
It will return in mind
Pupa Ana ... President.

Bucharest, June 8, 1981

Ana Dediu (left), Lia Gherasim and Mihai Dediu, Tibucani, 1954

Ana Dediu – The Four Graces

Tentativă de asasinat

Ovidiule! Și pe tine te-a mișcat
Președintele-npușcat!
Glontele nesăbuit
Și-n computer a lovit!

Și el s-a înspăimântat
Și TV ul în culori
A fost cuprins de fiori.
Lumea s-a cutremurat.

Președintele-npușcat!
Arăta o-ngrămădeală,
Și o mare îmbulzeală,
Unii pe jos au căzut
Reagen nu s-a mai văzut.

S-ar putea să fi murit?
Ce ușor ai răsuflat
Când în fine ai aflat
Că deși e împușcat
El cu viață a scăpat.

Și ai văzut cum pe turbat
L-au prins unii, l-au legat,
Și l-au dus la închisoare
Ca să nu mai vadă soare.

Ci să stea ca un nemernic
Acolo la întuneric
Și în lume fără el
Un nebun mai puțintel!

Și cum aceste cuvinte
Nu-s destul de reușite

Ana Dediu – The Four Graces

Şi dacă nu-ţi plac de loc,
La grătar cu ele-n foc.

Dacă-ţi plac un picuşor,
Pune-le-ntru-n colţişor,
Şi-odată pe negândite,
Acolo vor fi găsite.

Şi aruncând ochii odată,
Tragedia asta toată
Îţi va reveni în minte
Pupa Ana ... Preşedinte.

Bucureşti, 8 Iunie 1981

Sofia Scarlat and Mihai Dediu (students in the 3rd year in Mathematics), 10 April 1963, Mogoşoaia

Ana Dediu – The Four Graces

Chapter 6: Friends and relatives

Tudorel and his baptism

Just in (19)65
I was retired,
I came here
At baptism, for the first time.
After a girl Tinca
Gave birth to a boy.
The God mother was Pupa Dida
Who named him Tudorel.

God, what a joyful event,
I never imagined.
If a boy is born, it is known,
The father is happy.

And then came Adela
From Timişoara,
And Jean arrived here
Alone with his guitar.

The three of us went to the station.
We got on the tram,
But Jean without guitar.
He returned to get it.

With Pupa Dida we met,
She was expecting us.
We caught the train
In a neck of time!

And some young girls
Wanted Jean
To descend with them;

Ana Dediu – The Four Graces

With difficulty he escaped.
Then came Michael
With his wife Sophia.
Then came the pomp and circumstance
From the village's center.

Fiddlers were playing
As at the baptism!
The youngster were dancing
As at the wedding!

Jean as is customary
Invited to dance Sophia,
But Michael did not like it,
And left the place.

His father is my brother,
Jean and Michael are cousins,
But he doesn't share his wife
Not even at the parties.

And from there on Sophia
Did not go anywhere.
Michael and Virgil said
That makes no sense.

Pupa Dida was still working
She was a stranger in the family,
But she came all the way here
To be a God mother.
*

And when you were a toddler
You followed your daddy
Like a little doggy
Did not let him go.

Ana Dediu – The Four Graces

Grandpa called you little plump,
His pockets you're searching,
He deceived you with a coin,
But candy you're finding.

And he was bringing a pretzel
Especially for you,
Because you were a boy
He loved you dearly.

At the time for bathing
You were crying
"Oh, my eyes are sore"
"Oh, my God, I die, I die, I die!
*

In a summer you and your mother
Came to Bucharest.
She went shopping without you,
She knew how you were.

She had something to buy
And she'll return fast.
But when you noticed, the tragedy started.
You got very scared.

"Where is Mom? He wept.
I said "to buy candy"
"Where is Mom" you screamed,
And then you got the chills.

"Let's go with the bus
At my nephews."
And you were saying, "Where is Mom?"
I "you're going to play with them".

Ana Dediu – The Four Graces

There, when we arrived
Likewise moan;
You did not want to go up
The mother you wanted.

Finally I pushed you,
Step by step
And so very hard
We arrived. The children brought
Candies, meatballs, toys,
You did not want anything
"Where is Mom?" That's all you knew;
You didn't want to play.

What should we do with him?
"Say your name?"
I replied "Tudorel"
But he cried, "Mother".
You were so scared,
You did not want to undress,
What a great heartbreak!

Finally, when she came
And entered the room
You were almost passed out,
Almost fainted!

Never in my life
A boy like you
Not once did I see
How were you, Tudorel.

At home you were
Quiet and withdrawn,
You walked alone ahead
Not in the same step with us.

Ana Dediu – The Four Graces

And you were so quiet,
You didn't speak at all;
Some said you're dumb
My dear Tudorel!

You said that you'll never come to Bucharest,
It was natural that you couldn't
Keep our word.
*
When you went to kindergarten
For the first time,
Instead of getting in
You remain out at the gate.

And at school when you went,
You weren't talking any.
The teachers have helped you,
And they loved you.

And now you're military
Dear Tudorel,
And you came to us increasingly less
The same at your God mother.

When you get to Mangalia
Do pass by her house,
And give her an opportunity
To see you.

Pupa Ana February, 1984

Ana Dediu – The Four Graces

Botezarea lui Tudorel

Tocmai în (19)65
Eram pensionată,
Am venit şi eu aici
La botez, prima data.
După o fetiţă Tinca
A făcut băieţel
Şi cumătră i-a fost cuscra
La- numit Tudorel.

Doamne, atâta veselie,
Nu mi-am închipuit,
Dacă e băiat se ştie,
Tatăl e fericit.

Şi-a venit Adela-atunci
Dela Timişoara,
Şi Jean a sosit aici
Singur cu ghitara.

Şi-am pornit toti trei la gară
Ne-am suit în tramvai
Dar Jean fără chitară
Întoarce-te-napoi.

Cu cuscra ne-am întâlnit,
Că ne aştepta
De-abia în tren ne-am suit
Chiar atunci pleca!

Şi fete tinerele
De Jean s-au agăţat
Ca să coboare cu ele
De-abia noi l-am scăpat.

Ana Dediu – The Four Graces

A venit apoi Mihai
Şi cu Sophia lui
Şi-a venit mare alai
Din capul satului.

Lăutarii cum cântau
Ca la cumătrie!
Tinerii cum mai jucau
Ca la cumătrie!

Jean cum se obişnuieşte
A luat-o la joc,
Dar Mihai nu şuguieşte,
Şi a plecat pe loc.

Tatăl lui cu mine-i frate,
Jean cu Mihai sunt veri,
Dar el nevasta nu-nparte
Nici la petreceri.

Şi de-atunci cred că Sophia
Nicăieri n-a mai fost.
Mihai şi Virgil zicea
Că n-are nici un rost.

Şi cuscra avea servici
Era o străină
Dar a venit tocmai aici
Dac-a vrut să-i fie fină.
*
Şi când erai mititel
De tata te ţineai,
Parcă erai un căţel
De el nu te lăsai.

Bunicu-ţi zicea toloşcanu,

Ana Dediu – The Four Graces

In buzunare-l căutai,
El te amăgea cu banu,
Tu bomobonele găseai.

Şi-ţi dădea câte-un colăcel
Pentru tine numai,
Că tu erai băieţel
Tare drag îi erai.

Şi atunci când the scălda
"Văleu ochii mă dor"
"Văleu, mor, mor, mor!
*
Intr-o vară cu mama ta
Ai venit la Bucureşti,
De tine se furişa,
Că te ştia cum eşti.

Avea ceva de cumpărat
Şi se întorcea îndat,
Văleu când ai observant
Ce te-ai speriat.

"Unde-i mama? Şi plângeai
Eu "Să cumpere bomboane"
"Unde-i mama" tu ţipai
Şi aveai frisoane.

Hai să mergem cu maşina,
La nepoţii mei,
Iar tu ziceai: "unde-i mama?"
Eu "Să te joci cu ei".

Acolo când am ajuns
Tot la fel plângeai,
Nu vroiai sa te sui sus

Ana Dediu – The Four Graces

Pe mama o vroiai.

In fine te împingeam eu,
Mai suiai o scară
Şi aşa cu mare greu
Ajungem. Copii cară
Bomboane, chiftele, jucării,
Tu nu vrei nimica
"Unde-i mama?" asta ştii
Nu-ţi arde a te juca.

Ce să facem noi cu el?
"Spune cum te cheamă?"
Eu le răspund Tudorel
Dar el strigă: "mamă".
Erai aşa speriat,
Nu te lăsai dezbrăcat,
Ce mare zbuciumare!

În fine când a venit
Mama şi-a intrat
Tu erai de-acum sfârşit
Aproape leşinat!
De când mama m-a făcut
Un aşa băieţel
Nici odată n-am văzut
Cum a fost Tudorel.

Şi acasă tu erai
Tot singur şi retras,
Inainte tu mergeai
Nu cu noi la pas.

Şi erai aşa tăcut,
Că nu vorbeai de fel,
Unii ziceau că eşti mut,

Ana Dediu – The Four Graces

Dragul meu Tudorel!

Şi la Bucureşti spuneai,
Că nu ai să mai vii,
Era normal că nu puteai
De cuvânt să te ţii.
*
Când te-ai dus la grădiniţă
Pentru întâia dat,
In loc să intri-n odăiţă
Tu sub un gard ai stat.

Şi la şcoală când te-au dat,
Tot puţin ai vorbit.
Profesorii te-au ajutat
Că şi ei te-au iubit.

Şi acum eşti militar,
Dragă Tudorel,
Şi la noi vii tot mai rar
La nănaşa de fel.

Când treci la Mangalia,
Să dai şi pe la ea,
Să-i dai atunci ocazia
De a te mai vedea.

Pupa Ana Februarie, 1984

Ana Dediu – The Four Graces

Vasile

It snowed all week,
And it was a blizzard
But today a stopped
Everything is white!

Winter is almost over,
But it has not been finished,
The days are dull,
Although increased.

Is twenty two of February,
And as we both stood
The phone rang!
I hear a man's talk.

I did not know who is:
"Who's there" I asked
"Here is Vasile!"
"Ooh, Vasile, where are you?
I waited for you a lot."
"I'm at train station, in Bucharest,
Please, contact Tinca,
To tell her to come up here,
I cannot find her."
"Never mind, I think it's at the neighbor,
I'll find her soon."

"Tincuța your father is at station
Waiting for you."
"Yes? I leave quickly,
He does not know where to come."

And I was very happy,
In my stupidity

Ana Dediu – The Four Graces

I gave her nice news,
I felt very good!

When I hear the phone again,
And Tincuța asked me
"Where to meet my dad?"
"I didn't ask, was in a hurry."
"In front of the station you'll find him
On the cars' lane
And your bus stops."
Was thinking my empty head.

I should have establish
A more precise place,
But I was surprised and became
confused
Because I was old!

And I was sitting and thinking
When the phone rang again.
"I did not find him
And I cannot look for him more."

"I am very nervous
Ruthless youngsters assailed me
That's why I came home
They tried to follow me."

"Woe, what do I do now?
He called again for you
He didn't move from that place
But didn't find him."

"No, I'm not going back at all
Whatever happens,
Let him stay there

Ana Dediu – The Four Graces

I'm not looking again."

"He told to Virgil he's going back.
He'll get up in the train
If you do not go
Or give him any sign."

I phoned her neighbor again
To go to her,
And Ms. Calin tells me
That she will try.

And Tincuța was calm now,
And both went,
And checked again the Station,
And couldn't find him.

They're thousands of people
He was one of them,
Or it could be that someone
Kidnapped him.

Or as the invisible man
He vanished,
It is something incredible,
What wasn't seen yet.

I announced Miki
Where's his wife now.
I phoned also Gigel
That his father is at the Station.

I had palpitations,
And I could not sleep,
Because I created complications
Instead of joy.

Ana Dediu – The Four Graces

The next morning
"What do you know about my father?"
Calls me again Tincuța;
"I know nothing."

Then I hear the door bell
And who did I see?
How great was my astonishment
Vasile appeared.

You were lost and you've been found
You were dead and now risen.
But we did not know
What has happened.

In three hours he waited
Taxi drivers were coming
He refused them all,
And he was waiting.

Then, after some thinking
Did not go back, but
A taxi he took
And at Didi went.

Tincuța went back
But without luck.
She screamed and yelled
She didn't know he left,

That angry, Vasile
Did not called again
To let us know
Where did he go?

Miki went to the Station too,

Ana Dediu – The Four Graces

Public announcement went on.
The situation was unclear
Because he did not reply.

From there to Didi he went
He could not imagine
That he returned home
Without meeting someone.

I've called Tincuța
More than ten times
The phone was continuously busy
I felt that I'll die.

We went at her home
Checked all the rooms;
A colleague tells us
To wait there for her.

Because she was desperate
At home to wait for her and
Since she left from the office
Do not call again.

Didi announced us also
That she's gone to the train station.
The time was passing slowly
And I was worried.

"But where Miki slept?"
I asked to make conversation.
"Here! But they didn't talk
They had a fight last night!"

Ooo! How cruel was it
And what heavy punishment

Ana Dediu – The Four Graces

He did not deserve
Even if she was nervous.

Another colleague unannounced
That she went to her sister.
So, about poor father
Tincuța found where he is.

Quick Vasile left
At the older daughter.
The tram broke down
And he was to be late.

All of the supposed to meet
At the younger daughter
And he cannot be late
That's why he was afraid.

But he caught them just at the exit,
And they all came.
Although he was told how to come
He would not make it.

When Vasile, the lost one
Hardly appeared
Then Tincuța disappeared
It seems a bit incredible.

After a day and a night,
Finally they met.
I did all the entanglement
I acted as a fool.

From all of you I ask forgiveness
For what it has happened
It was my entire fault

Ana Dediu – The Four Graces

Which was accidental?

The old age makes you foul
You can't believe it's you,
And your mind wanders
As you don't believe.

Pupa Anna Dediu - February 23, 1984

Gica and Vasile Condurache (younger brother of Ana Dediu) with children Alexandrina, brother, twins Tincuța and Gigel, Carja, Vaslui, 23 September 1962

Ana Dediu – The Four Graces

Vasile

De-o săptămână tot ninge,
Şi tot a viscolit
Asăzi însă nu mai ninge
Totul e troienit!

Iarna este pe sfârşite,
Dar nu s-a terminat,
Zilele-s posomorâte,
Deşi s-au majorat.

E-n februar douzeci şi doi,
Şi cum stăteam noi amândoi
Telefonul a sunat!
Aud o vorbă de bărbat.

Dar nu ştiu cine e
"Cine-i acolo" am întrebat
"Aici îi Vasile"!
"Văleu Vasile, unde eşti
De mult te aşteptam."
"îs în gară-n Bucureşti
Pe Tincuţa cătam,
Ca să-i spui aici să vină,
Că eu n-o nimeresc."
"Lasă, cred că-i la la vecină
Îndat eu o găsesc."
"Tincuţa-n gară-i tatăl tău
Te aşteaptă pe tine."
"Da? Iaca repede plec eu
Că nu ştie la mine."

Şi eram tare bucuroasă,
În prostia mea
I-am dat o veste frumoasă,

Ana Dediu – The Four Graces

Ce bine îmi părea!

Când telefonul aud
Tincuţa mă întreabă
"Pe tata unde să-l caut?"
"N-am întrebat în grabă."
"în faţa gării îl găseşti
Unde maşinile trec"
Cu maşina tu soseşti."
Credea capul meu sec.

Trebuia să stabilesc
Un loc mai nimerit,
Dar eu tare mă zăpăcesc
De când am îmbătrânit!

Şi mai stau eu şi mai stau
Când iaca sună iar
"Nu l-am găsit şi nu mai vreau
Să-l mai caut măcar."

"Ş-apoi sunt tare nervoasă
Golanii m-asaltau
De asta am venit acasă
Că ei mă urmăreau."

"Vai de mine ce mă fac?
Că iar te-a căutat
De acolo nu s-a mişcat
Dar tu nu l-ai aflat."

"Nu, nu mă mai duc defel
Orice s-ar întâmpla,
Să rămână acolo el
Nu l-oi mai căuta."

Ana Dediu – The Four Graces

"I-a zis lui Virgil că-napoi
Se suie iar în tren
Dăcă nu vă duceți voi
Și nu-i dați nici un semn."

Dau telefon la vecin
Să se ducă la ea,
Și-mi spune Dna Călin
Că ea va-ncerca.

Și Tincuța s-a calmat,
Amândouă au plecat,
Gara au înconjurat,
Dar tot nu l-au aflat.
Atâta lume cât era
Care l-a înghițit
S-ar putea ca cineva
Tata să-i fi răpit.

Sau ca omul invizibil,
Așa a dispărut,
Este ceva incredibil,
Ce nu s-a mai văzut.

Pe Miki eu l-am anunțat
Unde-i nevasta lui.
Pe Gigel l-am anunțat
Că-n gară-i tatăl lui.

Eu am avut palpitații,
Și n-am putut dormi,
Căci creasem complicații,
În loc de bucurii.

A doua zi dimineața
"Ce știi de tatăl meu?"

Ana Dediu – The Four Graces

Mă sună iară Tincuța
"Nimic nu mai știu eu."

Aud apoi soneria
Și pe cine am văzut?
Ce mare mi-a fost uimirea
Vasile a apărut.

Pierdut ai fost și te-am aflat,
Mort ai fost și-ai înviat.
Dar noi nu știam ce-a fost
Ce s-a mai întâmplat.

În trei ceasuri cât a stat
Taximetriștii veneau
El pe toți i-a refuzat,
Și-așteptat mereu.

Apoi și el s-a calmat
Înapoi nu s-a dus
O mașină a luat
La Didi a ajuns.

Că Tincuța-a revenit
Tot fără rezultat,
A țipat și a răcnit
Nu știa că-i plecat.

Că Vasile-nfuriat
N-a mai telefonat
Ca să ne fi anunțat
Încotr-o a plecat.

S-a dus și Miki la gară,
La megafon l-a chemat.
Situația-i neclară

Ana Dediu – The Four Graces

Căci nu s-a prezentat.

De aici la Didi a plecat
Căci și-a închipuit
Că nu s-a înapoiat
Fără să se fi-ntâlnit.

Eu pe Tincuța am sunat
Mai mult de zece ori,
Prezenta tot ocupat
De-ți venea să mori.

Ne ducem la ea acasă
Și prin odăi umblăm
O colegă ne-nștiințeaza
Ca să o așteptăm.

Căci ea era disperată,
Acasă s-așteptăm
De la service e plecată
Să n-o mai căutăm.

Didi ne-anunță și ea
Că la gară-i plecată
Timpul tot mai greu trecea
Eram îngrijorată.

"Dar Miki unde-a dormit?"
Întreb așa-ntr-o doară
"Aici! Însă nu și-au vorbit
Că s-au certat aseară!"

Ooo! Ce crud a fost cu ea
Și ce aspră pedeapsă
Pe care nu o merita
Chiar dac-a fost nervoasă.

Ana Dediu – The Four Graces

Altă colegă ne-anunţă
Că-i la sora ei
Aşa că de bietul tata
Tincuţa abia află unde-i.

Iute Vasile a plecat
La fata cea mare.
Tramvaiul s-a defectat
Şi el timp nu are.

Căci toţi trebuia să vie
La fata cea mică
Şi el să nu întârzie
Tare-i era frică.

Dar i-a prins chiar la ieşire,
Cu toţii au venit
Deşi-i spusesem cum să vie
El n-ar fi nimerit.
Când Vasile cel pierdut
De-abia a apărut
Atunci Tincuţa-a dispărut
Pare de necrezut.

Că după o zi şi-o noapte,
De-abia s-au întâlnit.
De mine-au fost încurcate
Că tare m-am prostit.

Tuturor vă cer iertare
De cele ce-am făcut
Că v-am produs supărare
Ceea ce n-aş fi vrut.

Bătrâneţea te poceşte
De nu te mai cunoşti,

Ana Dediu – The Four Graces

Şi mintea îţi rătăceşte
Căci nici nu mai gândeşti.

Pupa Ana Dediu - 23 Februarie 1984

Mihai Dediu and cousin Lica, National Theatre in Iasi,
11 September 1962

Ana Dediu – The Four Graces

Didi

It was a beautiful day in May
The sun was shining,
Why was I happy
Nobody understood!

From our parents from Costeşti
You are the third.
To the stars you've gone,
And looked at us from above.

I went to Otopeni
With flowers for you,
There where the people
Up on the sky go!

When I was young,
Me and your father,
There were times of sadness,
We lived in poverty.

Now, at my old age,
I'm going with his daughter
To forget the suffering
Of my own soul.

When I was at the airport
With my own children,
Their voices I still hear
When I think of them.

When you went through the door
I did not feel the void,
Not that I was your aunt,
But because you'll be back!

Ana Dediu – The Four Graces

The day you returned
I did not wait for you,
To me it was sad
Mine did not come back!

You're back in Bucharest
Like the swallows
Returning to Costești,
In the spring!

The snow will cover
My deserted grave
Mine will not come
But I will not know.

I am the unhappy
Of all mothers,
Who leaved on this Earth
Until now.

You kids will love you
Mine did not,
They'll not forsake you!
Mine did!

Pupa Anna Dediu
May 1983

Ana Dediu – The Four Graces

Didi

Era–ntr-o zi de Mai frumoasă,
Soarele strălucea,
Dece eram eu bucuroasă
Nimeni nu-nțelegea!

Din neamul nostru din Costești
Tu, cea-de-a treia ești.
Spre stele tu te-ai dus,
Și ne-ai privit de sus.

Că mergeam la Otopeni
Cu flori să te conduc,
Acolo unde pământeni
Spre ceruri o apuc!

Când eram în tinerețe,
Eu și cu tatăl tău,
Erau vremuri de tristețe,
O duceam foarte greu.

Și acum la bătrânețe,
Mă duc cu fata lui,
Ca să uit de suferințe
Ale sufletului.

Când am fost l-aeroport,
Ca să-i conduc pe-ai mei,
Glasul și acum îl port
Când mă gândesc la ei.

Când ai dispărut prin ușă
Golul nu-l simții,
Nu că îți eram mătușă,
Ci te-așteptam să revii!

Ana Dediu – The Four Graces

În ziua când ai venit
Eu nu te-am aşteptat,
Pentru mine era trist
Ai mei nu vin vreodat!

Că te-ai întors în Bucureşti
Ca rândunelele
Ce se întorceau la Costeşti,
Cu primăverile!

Omătul îmi va troiene
Al meu mormânt pustiu
Ai mei nu vor mai veni
Dar eu n-am să mai ştiu.

Cea mai mare nenorocită sunt
Din toate mamele,
Ce au trect pe-acest pământ
În toate vremile.

Copii vă vor iubi
Ai mei nu m-au iubit,
Şi nu vă vor părăsi,
Ai mei m-au părăsit!

Pupa Ana Dediu
Mai 1983

Ana Dediu – The Four Graces

Silvia

Although is November
Not even in the middle
Is like December
The flakes are caught in a game.

I have a great desire
Today, since is not storm
It will be impossible
If the snow increases
To go to see the niece
At the hospital nine.
She's ill recently checked in
For a day or two.

She called me:
"This is Silvia"
And she asked:
"How do you look?"
"I'm very old"
"But Uncle Virgil?"
"He's older than me
And more fragile."

I think it's a girl
Like all other
Suffering now
Just as they all are.
She does not remember me,
And full of pain
Maybe she wants me
As a consolation!

But bad people,
Don't let me enter.

Ana Dediu – The Four Graces

I don't know what paths
I can find.
And they kick me out
"It is forbidden to enter."
And I pray those using sweet words,
And again they shout at me.
They grab my back
But I resist
And I ask in whispers,
That I have a niece,
Twelve years she has
And she's alone,
I ask for mercy, let me enter.

But I see that from the stairs
A woman comes.
I gave her the phone number,
And I said to have her come down:
"To come Silvia
At her grandmother."
"She can't get up."
Someone explained.

And then they endured -
Those who were guarding me.
And so they left me
To enter to see her.

At five hundred eight
Finally arrived,
But I cannot anymore.
I'm afraid to open.
And I entered in trembling
That I cannot see
How she hurts
My niece.

Ana Dediu – The Four Graces

And with difficulty I enter:
"Who is Silvia?"
With low voice I wondered
On the first bed she was laying
"O how beautiful you are,
What blue eyes you have,
How sweet you look at me!
But you don't look sick.
You are very delicate,
As the apricot flower,
Which suddenly opens
Its white-rose petals."
She said: "It'll pass
To rise up I can't
My head hurts a bit."
But she's so lively.

"You look like grandma
Older you don't look.
My mommy said
That you have smart kids."
"I love the food
But I could not eat
And I had no choice
I let the nurse feed me."
"I see you're cheerful
And the analysis
Will come out well
As I see you."
"I have still a test
Which will hurt me?
But it will pass
In half an hour."
I couldn't stop to,
Look at her avidly,
And I could not bear

Ana Dediu – The Four Graces

To say goodbye to her.
With my old mouth
I have not dared,
To touch her fine face,
I kissed his hand.
Her soft lips
My hand reached.
And as she laid back
Her eyes swept me,
We saw each other the first time,
And we never thought
That's the last time
When we see each other!

Monday the phone rings
"This is Silvia
The test is good,
I don't have what they thought,
Dorin did not come?
He said, he comes.
Grandma, did she come?
She said, she comes.
Tomorrow I'll get out go
And where are my clothes?"
Around one o'clock!
The clothes are here
Do not be worried
I'll come to you
You are my niece
And I'll bing you here."
"If so,
Then it is good"
She quiet down
As she has me
And I knew
That's the last time

Ana Dediu – The Four Graces

When I heard hear
Dear Silvioara!
Dorin came
Just on that day,
And he took you away,
I'll not hear you.
You disappeared so
As nothing happened.
Your beauty
I enjoyed endearing
How many flowers in orchards
So many years, happy years,
And healthy
What's more expensive than all.
Let go away
All evils.
You children
Be beautiful as the stars.
I will wait for you,
Maybe, who knows?
How many days I'll live,
To see you again, Silvia.
Send me a photo,
To look at it,
I'm longing for you
For the rest of my life.

Anna Dediu
December 11, 1983
Rodica is my sister Lina's daughter

Ana Dediu – The Four Graces

Silvia

Deşi-i Noiembrie
Nici pe la mijloc
Parcă-i Decembrie,
Fulgii se prind în joc.

Am o mare dorinţă
Azi, că nu viscoleşte
Va fi cu neputinţă
Dacă omătul creşte,
Să mă duc la nepoată
La spitalul nouă.
Bolnavă, interntă
De o zi sau două.

Că ea m-a sunat:
"Aici e Silvia"
Şi m-a întrebat :
"Cum arăţi mata?"
"Eu sunt bătrână tare"
"Dar nenea Virgil?"
"Decât mine-i mai mare
Şi încă mai fragil."

Cred că-i o fată
Ca toate celelalte
Plină de suferinţă
Aşa precum sunt toate.
Ea nu mă mai cunoaşte,
Şi plină de durere
Poate mă aşteaptă,
Ca pe-o mângâiere!

Dar nişte oameni răi,
La ea nu-mi dă drumul.

Ana Dediu – The Four Graces

Nu ştiu pe ce căi
Să găsesc eu drumul.
Şi ei mă dau afară
"Nu-i voie să te duci."
Şi-i rog cu vorbe dulci,
Şi iară se răstesc.
M-a apuca de spate
Dar eu mă-npotrivesc
Şi îi rog în şoapte,
Că am o nepoţică,
Doisprezece ani are
Şi e singurică,
Le cer eu îndurare.

Şi iată că de sus
O femeie vine
Telefonul i-am spus,
Să vie ea la mine:
"Să vie Silvia
La a ei bunică."
"Nu se poate scula"
Cineva-i explică.

Şi-atunci s-au îndurat
Cei ce mă păzeau,
Şi astfel m-au lăsat
Spre dânsa să o iau.

La cincisute opt
În fine ajung
Dară nu mai pot.
Mi-e frica să deschid.
Şi intru tremurand
Că n-o pot vedea
Tare suferind
Pe nepoţica mea.

Ana Dediu – The Four Graces

Şi cu greu am intrat
"Care-i Silvia?"
De-abia am întrebat
Pe primul pat zăcea
"O ce frumoasă esti,
Ce ochi albaştrii ai,
Ce dulce mă priveşti,
Bolnavă nici nu pari.
Eşti tare delicată,
Ca floarea de cais,
Care dintr-o dată
Alb-roză s-a deschis."
Zicea: "O să-mi treacă
Să mă ridic nu-i voie
Mă doare capu-oleacă."
Dar e tare vioaie.
"Semeni cu bunica
Bătrână nu arăţi

Că îmi spunea mămica
Că ai băieţi deştepţi."
"Mâncarea îmi place
Dar n-am putut mânca
Şi n-am avut ce face
m-a hranit "sora"
"Te văd tare voioasă
Şi analiza cred că bine
O să iasă
După cum te văd."
"Mai am înc-o probă
Ce o să mă doară,
Da-mi trece degrabă
In jumatate de oră."
Nu mă mai săturam,
O priveam cu nesaţ,
Şi nu mă înduram

Ana Dediu – The Four Graces

Ca să-mi iua bun rămas.
Cu gura mea bătrână
Eu nu am cutezat,
Să-i ating fața-i fină
Mâna i-am sărutat.
Buzele ei curate
Mâna mea au atins.
Și cum stătea pe spate
Cu ochii m-a cuprins
Ne vedeam prima oară,
Și nici nu ne gândeam
Că-i ultima oară
Când ne mai priveam!

Luni telefonul sună
"Aici e Silvia
Mi-e analiza bună,
Nu am ce se credea,
Dorin nu a venit?
Că a zis că vine.
Bunica n-a venit?
Că a zis că vine.
Că mâine îmi dă drumu
Și hainele unde-s?"
Pe la ora unu,
Hainele la mine-s
Nu fii îngrijorată
Că vin eu la tine
Doar îmi ești nepoată
Și te iau la mine"
"A dacă-i așa
Atunci este bine"
S-a liniștit ea
Ca mă are pe mine
Și eu știam
Că-i ultima oara

Ana Dediu – The Four Graces

Când te auzeam
Dragă Silvioara!
Că Dorin a venit
Chiar în acea zi,
Și mi te-a rapit
Nu te-oi mai auzi.
Ai dispărut așa
Parcă n-ai fi fost.
Frumusețea ta
M-a bucurat duios
Câte flori în livezi
Atâtia ani îi urez,
Și să ai sănătate,
Ce-i mai scumpă ca toate.
Ducă-se pe pustii
Toate relele.
Să fiți voi copii
Frumoși ca stelele.
Eu te-oi aștepta,
Poate cine știe
Câte zile-oi avea
Să te mai văd Silvia.
Să-mi trimiți fotografie,
Ca să mă uit la ea,
De dorul tău să-mi tie
Toată viața mea.

Ana Dediu 12.11.1983
Este vorba de fata Rodicăi care-i fata
Linei, sora mea.

Ana Dediu – The Four Graces

The Four Graces

In the Greek mythology
Graces were only three
We are four nowadays
And we're meeting at the theatre.

In the established day
Virgil and I are quarrelling
"Where do you think you go like,
crazy?"
"If you slide and break a hand?"

"But you see the Sun is out
What are you fancying about?
It doesn't snow at all,
Neither rain, nor winter storm."

He stared out,
Appeared that's spring!
No retraction from his part
Of the spoken observation!

And in the trolley eighty four
I sat by an elder woman
"Where do you go?" Inquired her.
"Come with me at The House of prayer."
I see that you're as old as me.
Lift your soul,
That's how Jesus sacrificed
And the World was saved!"

Then I got mad
I gave her a piece of my mind:

"What about God?

Ana Dediu – The Four Graces

Why are we saved of?
There are in the world wars?
Thunderbolts and lightning strikes,
Floods, droughts,
Large and small earthquakes
Daily 4-5?
What saved us all
And disrobed us from death?
People are dying so
As if He was not.
Who was taken and died
Never came back!
What remains in humanity
Is an "Memory Eternal"
As the priest are singing
To the dead at their graves!
That for us He was slain,
It's imagine;
The two thieves crucified
All, as people have died!
My mother suffered
Hundredfold than He:

14 times she gave birth,
That's a lot of pain!
Virgin Mother of God,
Gave birth the first time.
And she was a virgin
As my mother was!
All are lies, for you to know
For old people and madmen!
And I descended full of anger.
....
Opera was beautiful,
With a visionary mounting,
And a funny action!

Ana Dediu – The Four Graces

Madam Lazar is alone,
She's afraid of no one,
Often invited us
To meet at her house.
We had lunch together:
We ate and we had fun.
And we spoke a lot the moon and the stars
Four graces ... old ladies...
I have a home too, I can say,
But I have a twisted husband.
Mrs. Strătilă would want
To go and see her,
But she has a bad daughter in law,
Who could not be worse!

And there's something else:
She lives on the outskirts,
A lively environment full of life,
Many flowers and greenery,
Four of us like to walk
And admire nature.
Expoflora's fascinating!
Any time is great.

And when we say goodbye,
These moments we think will last.
From all these places more often
I visit her area.

I feel great pleasure,
And I am grateful
To my hospitable host
Who always calls me.
When we get together,

Ana Dediu – The Four Graces

We both start crying.
When crying in two it gives us peace!
Because I rejoice in suffering,
Along with another being,
Who has the same pain;
Feels like a caress.
Crying in two is like tenderness
And has some sort of sweetness,
Does not lead to despair.
When you cry alone;
The feeling is more acute
But the duration is shorter.
We encourage each other,
And the topic we change.
In our deep sorrow,
Our friendship is bigger
As we both have
Children in the new world,
Both just in Lakewood
This really is amazing;
They're friends,
From their young student life,
How can we not rejoice
And happy to grieve?
When we hear from them,
The sons and grandchildren,
The spouses only write
Where they find time, only they know.
We phone each other,
To tell the news.
Sometimes we meet,
The letters to read.
For all and for everything,
We wish that you all have
A sunny life
Of dangers protected.

Ana Dediu – The Four Graces

And to be all together,
On good or bad weather,
To get old like us
With your children next to you!
And Mrs. Viorica,
I know her from the mother,
On the phone when speaking
She brings me news too.
I cannot find words,
To express my thanks.
Hundreds of words would not be enough
To pay everything back!

The friendship in pain,
It is a great comfort.
The friendship in grief
Makes it easy to support!

Started in 1982, finished in 1983

Ana Dediu – The Four Graces

Cele patru graţii

În mitologia greacă
Doar trei graţii erau parcă
Noi suntem acuma patru
Şi ne întâlnim la teatru.

Eu mă scol, mă pregătesc
Şi cu Virgil mă sfădesc:
-Unde te duci ca nebuna
Ca s-aluneci să-ţi rupi mâna?

"Dar nu vezi c-afară-i soare,
Nu-i nici chip de-alunecare,
Că n-a fost deloc ninsoare
Şi nici viscole nici ploaie!"

Se uită el afară,
Îi pare că-i primăvară,
Dar cuvântu-alunecat
Nici cum nu l-a retractat!

Şi în troleibuz mă sui,
Lâng-o babă eu mă pui.
-Unde te duci? Hai cu mine
La casa de rugăciune.
Tot bătrână văd că ieşti
Sufletul să-ţi mântuieşti,
Că Isus cum s-a jertfit
Lumea de a mântuit!

Unde nu mă-nfurii eu:
-Ce tot zici de Dumnezeu?
De ce ne-a mântuit oare?
Nu sunt în lume războaie?
Fulgere şi trăsnete,

Ana Dediu – The Four Graces

Inundații, secete
Cutremure mari și mici
Zilnic câte 4-5?
Cum ne-a mântuit de toate
Și ne-a dezrobit de moarte?
Lumea moare tot așa
Ca și când el nu era.
Cine-apucat de-a murit
Înapoi n-a mai venit!
Ce rămâne-n omenire
E „Veșnica Pomenire"
Așa cum le cântă popii
Morților pe malul gropii!
Că pentru noi s-a jertfit,
E de ne închipuit;
Cu doi tâlhari răstignit
Toți, ca oameni au murit!
Mama mea a suferit
Mai mult ca el însutit:

De 14 ori născătoare
E durere frățioare!
Maica Domnului Fecioară,
A născut întâia oară.
Și era fecioară ea
Precum mama mea era!
Toate-s minciuni, ca să știți
Pentru babe și smintiți!
Și-am coborât furioasă
……………..
Opera a fost frumoasă,
C-o montare fistichie,
Și-o acțiune… hazlie!

Domna Lazăr-i singurică,
Nu are de nimeni frică,

Ana Dediu – The Four Graces

De multe ori ne-a poftit
La ea de ne-am întâlnit.
La masă ne-a învitat,
Am mâncat şi ne-am distrat.
Şi-am vorbit câte-n lună şi stele
Patru graţii … bătrânele…
Am şi eu casă, nu zic,
Dar am un bărbat sucit.
Doamna Strătilă ar vrea
Ca să ne cheme la ea,
Dar are o noră rea,
Mai rea nici nu se putea!

Şi mai e încă ceva:
Dânsa şade la şosea.
O zonă plină de viaţă
De flori multe şi verdeaţă
Cu-te patru ne plimbăm
Şi natura admirăm.
Expoflora-i fascinantă!
Pe orice timp e minunată.

Ş-apoi când ne despărţim,
L-aste clipe ne gândim.
Dintre toate cel mai des,
Eu zona o vizitez.

Simt o mare desfătare,
Şi-i sunt recunoscătoare
Gazdei mele primitoare,
Ce-mi face mereu chemare.
Şi ne-apucă câte-o jale,
Şi-i tragem câte-o plânsoare,
Şi ne-apucă câte-un dor
Şi plânsu-i fermecător!
Căci mă bucur în suferinţă,

Ana Dediu – The Four Graces

Alături de o fiinţă,
Ce-are aceeaşi durere,
Parcă simţi o mângâiere.
Plânsu-n doi i-o duioşie,
Şi are o … gingăşie,
Nu duce la disperare,
Când plângi singur fiecare;
Simţirea e mai acută,
Dar durata e mai scurtă.
Că noi ne încurajăm,
Şi altă vorbă schimbăm…
Mai dulce prietenie,
Nici nu poate ca să fie.
            În adâncă supărare,
Prietenia-i mai mare
Ca s-avem noi amândouă
Copii în lumea nouă,
Să fie chiar în Lakewood
Asta chiar că-i un făcut…
Şi prieteni ei să fie,
Din tânăra lor studenţie,
Cum să nu ne veselim,
Bucuroase să jelim?
Când primim veşti de la ei,
De la fii şi nepoţei,
Că nurorile ne scriu
Cum au timp doar ele ştiu.
Pe dat ne telefonăm,
Ştirile ne anunţăm.
Altă dat ne întâlnim,
Scrisorile să citim.
Pentru toţi şi pentru toate,
Vă dorim ca s-aveţi parte
De o viaţă însorită,
De primejdii ocrotită.
Şi să fiţi toţi împreună,

Ana Dediu – The Four Graces

Fie vremea rea sau bună,
S-ajungeţi bătrâni ca noi
Cu băieţii lângă voi!
Şi pe Doamna Viorica,
O cunosc de la mămica,
La telefon când vorbeşte
Şi de ai mei povesteşte.
Eu cuvinte nu găsesc,
Prin care să mulţumesc.
Sute de guri de-aş avea,
Tot datoare-aş rămânea!

Prietenia în durere,
E o mare mângâiere.
Prietenia-n suferinţă,
E o mare uşurinţă!

Începută în 1982, terminată în 1983

Ana Dediu with brothers and systers in Costeşti, 1950

Ana Dediu – The Four Graces

Last visit at Galați

Want to know
My visit to Galați?
I went to Traian Street
At the sister of Mrs. Ioan.

It was a terrible heat,
The tram was going slowly
It's muggy, and it's crowded,
Phenomenal scrimmage.

And finally,
I got off the tram.
Number 240 no one knows,
Where could it be?

Backward or forward?
In other words,
I'm going into oblivion.
Without stopping.

But I've got it,
The number was there.
A big, heavy gate
Appears to my face.

It's locked.
A big dog looks
At me through the fence,
With thick heavy barking
Ham, ham!

The heat was overwhelming.
I knock on the gate,
I see a bell button,

Ana Dediu – The Four Graces

I rang twice.
The heat from the armpits
And the back
Are flowing down.
Here comes a man
He looked angry
Even miffed
And bothered
Comes annoyed.

I with the paper in hand,
On the situation assured
I posted the question: Here lives Mrs.
Anton?
Sister of Mrs. Ioan
From Bucharest?

I come to her with the news!
Yes! But, he says moody.
But the niece Cioramela
Good niece of Mirela?

Yes! They're sleeping.
What do I do Lord?
The hot sun burns me,
But he doesn't open.

Please forgive me,
Open and let me in,
In the shadow,
And I can wait to get out.

At this time we all sleep
And we rest.
Finally, he turns the key
And the gate opens.

Ana Dediu – The Four Graces

Thank you respectfully
And uninvited I rush
And fall tired
Exhausted.

For mostly heat
I fell like a have a hung-over,
And I reproached to myself
Why do I beg?

Why I entered?
Why didn't I leave?
People work.
And now they rest.

And I'm fumbling,
At the gate begging
To rest,
To cool off.

And Mr. disappears,
And there appears Mrs. Anton,
The sister of Mrs. Ion
And kissed me sweetly
Remembering
That they know me
When at her sister came.

Here it appears
Her daughter, I think,
Young and with gap-toothed
Lively and talkative.

They served me jam,
Of bitter cherry
Which are quite rare,

Ana Dediu – The Four Graces

Cigarettes and coffee
To my great surprise.

The miffed gentleman,
Came out and went,
But passing he asked,
Just a word to say,
If I'll be there
When he'll return.
But, I did not want this
And that's why I was in hurry.

I thanked, and I excused myself
That I disturbed their sleep.
The younger said:
We'll meet in Bucharest
When we'll come!
Mrs. Silvia tells me
That I can see them!

But I thought in my mind:
Who like me will come,
Unannounced, uninvited
Like me to get hurt,
At the gate to beg!

Look dear women and men
What happened to me in Galați!
When in visit I went
And look what I found.

Because I wasn't wise,
Moreover behooved
Out at the gate kept.

No one is forced

Ana Dediu – The Four Graces

To let you in their homes
And be hospitable.
A reckless visit
Gets a bad result.

July 1, 1988

Ana Dediu in the market, Iassy, 1959

Ana Dediu – The Four Graces

Ultima vizită la Galați

Vreți să aflați
Vizita mea la Galați
Am plecat în strada Traian
La sora domnei Ioan.

Ce căldură mare,
Tramvaiul merge agale
E zăpușeală, înghesuială,
Îmbulzeală, fenomenală.

Și cu chiu și vai,
Am coborît din tramvai.
Numărul 240 nimeni nu știe,
Unde poate să fie?

Înapoi sau înainte?
Cu alte cuvinte
Merg în neștire.
Fără oprire.

Dar am nimerit,
Numărul l-am zărit.
O poartă mare și grea,
Apare în fața mea.

E zăvorâtă.
Un câine mare se uită,
Pe la-ncheieturi,
Cu lătrături
Groase ham, ham

Ana Dediu – The Four Graces

De căldură nu mai puteam.
Bat, ciocănesc,
O sonerie parcă zăresc.
Şi sun de două ori.

Căldura la subţiori
Şi pe spinare
Curg la vale.
Iată apare un bărbat,
Cam supărat,
Chiar bosumflat,
Şi înbufnat
Vine înfuriat.

Eu cu hîrtia în mâna,
Pe situaţie stăpână,
Intreb: Aici stă doamna Anton?
Sora doamnei Ion
Din Bucureşti?

Vin la ea cu veşti!
Da! Dar, zice el cu toane.
Dar nepoata Cioramela
Vară bună cu Mirela?

Da! Doarme.
Ce mă fac Doamne?
Soarele mă frige,
Dar el nu deschide.

Vă rog mă iertaţi,
Deschideţi şi mă lăsaţi,

Ana Dediu – The Four Graces

La umbra cea deasă,
Şi le aştept să iasă.

La această oră noi toţi dormim
Şi ne odihnim.
În fine cheia învârte
Şi poarta deschide.

Vă mulţumesc cu respect
Şi neinvitată mă reped
Şi cad frântă
De obosită.

Dar mai ales de căldură,
Parcă-s mahmură,
Şi mă ocărăsc
De ce cerşesc?

Dece-am intrat
Dece n-am plecat?
Oamenii muncesc.
Şi se odihnesc.

Iar eu orbecăiesc,
La poartă cerşesc,
Ca să mă odihnesc,
Să mă răcoresc.
Iată că domnul dispare ,
Şi apare Doamna Anton,
Sora doamnei Ion
Şi mă sărută dulce
Aminte-şi adduce,

Ana Dediu – The Four Graces

Că ei mă cunosc
Când la sora venise.

Iată că apare
Fiica ei, îmi pare,
Tânără cu strungăreață
Vioaie și vorbăreață.

M-au servit cu dulceață,
Încă de cireșe-amare
Ce sunt tot mai rare
Cu țigări și cafea
Spre marea mirare-a mea.

Domnul acel bosumflat,
S-a coborît și-a plecat,
Dar trecând m-a întrebat,
Așa o vorbă a stricat,
Dacă o să mă găsească
Când el o să se întoarcă.
Dar eu asta nu doream
Și de asta mă grăbeam,
Am mulțumit, m-am scuzat,
Că din somn i-am deranjat.
Tânăra: la București ne-ntâlnim
Că noi acolo venim!
Doamna Silvia îmi zice
Că pe la ei mai pot trece!
Dar eu mă gândeam în mine:
Cine ca mine mai vine,
Ne anunțată,
Ne invitată,

Ana Dediu – The Four Graces

Ca mine să păţească,
Pe la poartă să cerşească!

Iată dragi femei, barbaţi
Ce-am păţit eu la Galaţi!
Vizită mi-a trebuit
Iată însă ce-am găsit.

Pentru că n-am chibzuit,
Ba mai mult se cuvenea,
Pe poartă afară să mă dea.
Nu-i obligat nimenea
În casă să te poftească,
Şi nici să te omenească.
Vizita nechibzuită
Aşa trebuie plătită.
1 Iulie 1988

Mihai Dediu in Tibucani, on the steps of the old school
of Vasile Dediu, his grandfather, 1955

Ana Dediu – The Four Graces

Money earned

Mark Twain child was
And he went to school.
There with other children
The scribbled their desks.

The Teacher as punishment
Told them to bring from home
Five cents or a beating
Will receive each.

His father said to him like this:
I'll give you five cents,
And beating you as well
To remember forever
Not to write on desks.

When he went to school
Mark Twain thought so
Better two beats
And I keep the cents.

Mihai Dediu in the Heratsrau Park, Bucharest, June 1958

Ana Dediu – The Four Graces

Bani câştigaţi

Mark Twain copil era
Şi la şcoală se ducea.
Acolo cu alţi copii
Banca el o mâzgălea.

Profesorul drept pedeapsă
Le-a spus s-aduca de-acasă
Cinci dolari sau o bătaie
Să primească fiecare.

Tata i-a zis cam asa:
Cinci cents eu îţi voi da,
Şi bătaie vei mânca
Ca să ţii minte pe veci
Că nu se scrie pe bănci.

Când la şcoală se ducea
Mark Twain aşa gândea
Mai bine două bătăi
Dar rămân cenţii mei.

Mihai Dediu, Iassy, 1959

Ana Dediu – The Four Graces

Long live - Prayer - Anniversary - 10 years

Long live my son
In peace and honor
Family loving
And home protector.

O, holy God, holy God
Heavenly Father,
Turn your face and
Take care of him for life.
My daughter in law
And my grandchildren
All of you, love him
A Noble father.

8 August 1977 - 8 August 1987 (10 years)

Henri Horațiu Dediu (the son of Horatiu Dediu),
Helsinki, Finland, 2006

Ana Dediu – The Four Graces

Trăiască – Rugă - Aniversare – 10 ani

Trăiască fiul meu
În pace și onor
De casă iubitor
Și apărător de casă.

O Doamne sfinte, o Doamne sfinte
Ceresc părinte,
Întoarce a ta față
Ai grijă de el pe viață.

Trăiască nora mea
Și cu ai mei nepoți
Să-l iubiți cu toți
Pe tata slăviți.

8 August 1977 – 8 August 1987 (10 ani)

Sofia Scarlat, student in Mathematics, 3rd year, Bucharest, 1963

Ana Dediu – The Four Graces

Tribute
(Acrostic)

I raise my glass full now,
It's filled with water from Zizin,
Please listen to a hot salute
It's the night's big words.

At the end of this night
We are entering a new year together.
A peak night for a new tomorrow
Do you hear its echo?

Former Condurache Ana
Lady Elena Lyceum

Toast
(Acrostic)

Ridic acum paharul plin,
E plin cu apă de Zizin,
Vă chem să tostăm fierbinte,
E noaptea marilor cuvinte.

La capătul acestei nopți
Intrăm într-un alt an cu toți.
O noapte pisc spre-un mâine nou
Nu auziți al ei ecou?

Fosta Condurache Ana
Liceul Elena Doamna

Ana Dediu – The Four Graces

For Ilie

Nine roses I give you
And I wish you Happy Birthday
Because you've protected me
And in your home you alowed me.

Pentru Ilie

Nouă trandafiri îți dăruiesc
Şi La mulți ani îti doresc
Pentru că m-ai ocrotit
Şi-n casa ta m-ai primit.

G Dana G

At a quarter of a century
I'm wishing you
To have a "Happy Birthday"
Along with health and money!

G Dana G

La un sfert de veac
Eu o urare îti fac
Să trăiesti "Mulți Ani"
Să ai sănatate şi bani!

Ana Dediu – The Four Graces

Petrache

Petrache was smaller
Ever since I saw.
He got a little taller,
It seems that he has grown.
And he became a man
Handsome and personable,
And with silver hair
He looks equable ... nice!

Petrache

Petrache era mai mic
De când l-am văzut.
Parcă s-a-nălțat un pic,
Parcă a mai crescut.
Și s-a făcut un bărbat
Chipeș și arătos,
Și cu părul argintat
Îi stă tare… frumos!

Sophia and Michael Dediu, Mihai Voda Church (1594, bult by Mihai the Brave (1558-1601) on Uranus hill).

Ana Dediu – The Four Graces

An accident that happened by chance

Epiphany of 1982 was the birth of the Savior who saved us from the evil, that since there were no longer on the world water floods and fire, no destructive wars - all the people living in peace - neither plague nor earthquakes frightening, not even the bitter cold on Epiphany, because the Savior had mercy with those who do not have wood for heating.

Just in this day, Tudorel, Melu's son from Costești, visited us. He was 16. He did stay only one night and the next day he left, not before visiting his God mother, who was do proud of him; she was saying that "he was the finer and the most beautiful boy in the whole world". His baptism ended to be a celebration as big as a wedding!

Next day it was Saint John holiday and we received the visit of my brother Melu and his second son Aurel. Well, we sat and talked about everything. He said that he's leaving the next day.

When Virgil got out of the kitchen, where the conversation took place, he whispered that he'll need something to eat on the road, because they'll arrive late in the evening. We had two refrigerators "Zil" brimming with all kinds of meat, sausage, ham, Sibiu salami, pastrami, smoked sirloin, fish, etc. in the two freezers plus cheese, butter and cooked food.

But Virgil has an irresistible fear of dying of starvation and, continuously buys; but does not give anything to anyone. Melu sees out the window in a nail hanging a bag filled with meat.
"Wow! Look how much meet you have!"
"Yes, we have! But Virgil does not give anything!"
But I keep trying, and when he came back I said:

Ana Dediu – The Four Graces

"Do you think that Melu would find some salami at the store across the road?" Why is a sausage Melu the food for the road? "Hoping that he'll give in.
"Yes! He'll find." He answered quickly.
"But it will be opened when he'll leave tomorrow morning?"
"Yes, they open at 6 AM." Not saying anything that he'll give him something to eat for the road.

Well, what to do? Melu realized that there's no hope! Now he would be content to have where to buy from, not the other, that he had enough money.

The next day we got up, I gave them something to eat and Virgil gets up very early (usually he wakes up around 10-11) and kept an eye at everything I was doing! I sneak into the kitchen with my coat on a shoulder (I was going with them to buy a musical instrument for the boy) and I put in the gown's pocket a packet of butter and one of cheese and two cabanos sausages. You can imagine that I could not stay too long like that because the butter would melt. I dress with the coat, but I didn't button it, the dress pockets were too full; I took the boots, hat, gloves and immediately went out of the apartment with breathing relaxed because he didn't catch me.

Down at the exit door we stopped and I start removing the butter, cheese, but what the hell? Where's the sausage? I checked my pockets, I undress the overcoat, and I looked down, nothing! Hey man, what it happened? Did I forget it on the table, or I left them on the table? In both cases it was all bad, what do I do now? We left, but my mind was at those sausages! What have I done with them? What happens when I'll get back home? Do I keep going? Where?

We did not find the musical instrument, and we returned through Cişmigiu garden to the tram station.

Ana Dediu – The Four Graces

We said goodbye and departed in opposite directions; they took tram 12 to the North Station, I tram 3 to go home.

Lord, Lord! Maybe the tram collides with another and jumps off the line, maybe there is short circuit and I go directly to heaven, at the hospital, anywhere but not home!

But I got home! I feel my legs cut from the knees down and I lean against the bar of the stairs; a sentenced to death does not go through what I'm going now, if he gets the head cut off, he'll not feel anything after words; but I do not know if I get my head cut, that would be best; but if I have to live and to hear every day, that "you're stealing from the house, give away from the house."

And so with my thoughts I have reached the last steps using my last powers. When at my feet what I see? A sausage on a step, above another! I fearfully and quickly take them – as I would steal them a second, and I look with wonder, I do not believe, I bite from one to convince myself that's not just an opinion, they're just my sausages! I put them in my purse, and I barge into the house, Virgil was still in bed - so I get in the kitchen I put them in the fridge and I slam on the bed almost passed away, but of joy this time.

And I was thinking and a fear seized me; if they were fallen when I walked out the door right there down and Virgil would have seen it? How do they fall? How come nobody took them and I wouldn't have known, and what I would have done? If Virgil would have come out and found them it wouldn't have been a problem, they were out of the door, and I would have said that these are not ours!

And this is how this problem with the sausages has been resolved.

Ana Dediu – The Four Graces

Such a thing never happened to me before and it will not happen again for the rest of my life.

From now on I'll let them all to decay. I feel bad to throw away these foods, better give then to a man to eat - but if he wants so I can't do anything, although I am aware that is not good.

If there are 5 pieces of meat and I eat one, he says:
"Who ate one?"
"I! I should not eat any?"
"Yes! But I need to know"
He must know everything.

I wrote this for you to see what it means old age sometimes, as the man becomes greedy, when the more he has, the more he's afraid not to starve.

That's what I call it an accident that happened by chance.

Be careful, so you don't have to go through what I went through.
Pupa Ana, January 12, 1982.

Mihai Dediu (right) and uncle Melu Condurache (younger brother of Ana Dediu), Costeşti, 1959

Ana Dediu – The Four Graces

Întâmplare întâplăcioasă întâmplată întâmplător.

Era Boboteaza anului 1982 de la nașterea Mântuitorului care ne-a mântuit de cel rău, că de atunci nu s-au mai aflat pe lume nici potopuri de ape și de foc, nici războie nimicitoare – toti oamenii trăind în pace – nici molime, nici cutremure înfricoșătoare, nici măcar gerul Bobotezei căci Mântuitorul s-a milostivit cu cei ce nu au lemne ca să se încălzească.

Tocmai în această zi ne-am pomenti cu Tudorel, băiatul lui Melu dela Costești, de 16 ani. N-a stat decât o noapte și a doua zi a plecat, nu înainte de a o vizita pe cuscra care-i nănuța lui și se fudulea "că fin ca al ei frumos nu se mai află pe lume". A fost un botez ca o nuntă nu alta!

A doua zi de Sfântul Ion ne pomenim cu Melu și cu Aurel ultimul lui băiat. Ei, stăm noi de vorbă ba de una , ba de alta și el zice că pleacă a doua zi.

Când Virgil iese din bucătărie, unde avea loc vorbăria el îmi șoptește că i-ar trebui ceva de mâncare pe drum, că ajunge tocmai seara. Noi aveam două frigidere "Zil" pline ochi cu carne de toate felurile, cârnați, șuncă, salam de Sibiu, pastrămi, mușchiuleț afumat, pește, etc., etc. în cele două congelatoare plus brânzeturi, unt și mâncăruri gătite.

Dar Virgil are o frică irezistibilă ca să nu moară de foame și cumpără, cumpără mereu; dar nu dă nimic. Vede Melu la geam afară într-un cui o plasă atârnată plină cu carne.

"Văleu! Da și di carne aveți!"

"Da, avem! Dar Virgil nu dă nimic!"

Dar eu tot încerc și când vine înapoi zic:

"Oare Melu găsește ceva salam la alimentara pentru drum?" Doar, doar s-o îndura.

"Da! Găsește cum să nu!" Sare el repede.

Ana Dediu – The Four Graces

"Da oare îi deschis când pleacă el?"

"Da, la 6 deschide" ți-ai găsit să zică el că-i dă ceva pe drum de mâncare.

Ei, ce să fac? Melu o priceput că nu-i nici o speranță! Numai de-ar avea de unde cumpăra, nu de alta, că atâția bani avea și el.

A doua zi, ne sculăm, le dau ceva de mâncare și Virgil se scoală cu noaptea-n cap, (de obicei se scoală pe la 10-11) și nu mă pierdea din ochi! Eu mă furișez la bucătărie cu paltonul pe umeri (plecam și eu cu ei să cumpărăm muzicuță) și pun în buzunarele capotului un pachet de unt și unul de brânză topită precum și doi cârnăciori cabanos. Vă închipuiți că nu puteam sta așa mult că se topea untul. Îmbrac paltonul pe mâneci dar nu-l închei că nu mă ajungea; iau pantofii – ghete, căciula, mănușile și ies imediat afară cu inima cât un purece răsuflând ușurtă că am scăpat și nu m-a prins.

Jos la ieșire ne oprim și încep a scoate untul, brânza, dar ce naiba? Unde-s cârnații? Mă scotocesc, mă dezbrac, mă uit pe jos, nimic! Măi omul, măi ce să fie? Oare i-am uitat pe masă sau i-am pus alături? În ambele cazuri tot rău era, ce mă fac acum? Am plecat, dar gândul meu era tot la cârnați! Ce-am făcut cu ei? Ce-am să pățesc când mă-ntorc acasă? Să mă tot duc? Unde?

N-am găsit muzicuță și am venit prin Cișmigiu la tramvai. Ne-am luat rămas bun și-am pornit în direcții opuse; ei cu 12 spre gară, eu cu 3 spre casă.

Doamne, Doamne! Poate se ciocnește tramvaiul cu altul, poate sare de pe linie, poate se face scurt circuit să ajung în ceruri, la spital oriunde numai acasă nu!

Dar am ajuns acasă! Mi se taie picioarele de la genunchi și mă sprijin de bară; un condamnat la moarte nu trece prin ce trec eu, că dacă-i taie capul nu mai știe nimic; dar eu nici nu știu dacă-mi taie capul asta ar fi cel mai bine; dar dacă trebuie să mai trăiesc și să-mi strige în fiecare zi "Furi din casă, dai din casă".

Și așa cu gândurile mele am ajuns la ultimele trepte și ultimele puteri. Când la picioarele mele ce văd? Un cârnat pe-o treaptă, mai sus altul! Îi iau repede cu frică – parcă i-aș fura, a doua oară mă uit cu uimire... nu-mi vine să cred, mușc dintr-unul ca să mă conving, că nu-i o părere, că-s chiar cârnații mei! Îi bag în geantă dau buzna în casă, Virgil era încă în pat – așa îmbrăcată intru în bucătărie îi pui în frigider și mă trântesc pe pat aproape leșnată de bucurie de data aceasta.

Și mă gândesc și mă apucă o frică; dacă cădeau când am ieșit pe ușă chiar în prag și vedea Virgil? Cum de au căzut? Cum de nu i-a luat nimeni de pe scară. Dacă-i lua cineva, eu n-aș fi știut și ce aș fi făcut? Dacă ieșea Virgil și-i găsea el, nu era o problemă că din moment ce erau afară, dincolo de ușă, ziceam că nu-s de-ai nostril!

Și iaca așa s-a rezolvat problema cu cârnații.

O asemenea întâmplare n-am mai pățit de când mama m-o făcut și n-oi mai păți cât oi trăi.

De-acum le las toate să se strice. Îmi părea rău să arunc aceste alimente mai bine să le mănânce un om – dar dacă el vrea așa n-am ce să fac, deși sunt conștientă că nu-i bine.

Dacă sunt cinci mici și eu mănânc unul zice:
"Cine a mâncat unul?"
"Eu! Nu trebuia să mănânc nici unul?"
"Ba da! Dar să știu eu"
Trebuie să știe tot.

Am scris ca să vedeți și voi ce-nseamnă bătrânețea, cum omul devine lacom, când cu cât are mai mult cu atât îi e mai frică să nu moară de foame.

Ana Dediu – The Four Graces

Asta zic și eu că este o întâmplare, întâmplăcioasă întâmplată, întâmplător. Să vă feriți de-a păți, ceea ce am pățit eu.

Pupa Ana, 12 Ianuarie 1982.

Virgil Dediu (44 years), Sinaia, walking to the 1400 meters level, August 14, 1956

Virgil Dediu with friends and son Mihai Dediu (right) in vacation, Sinaia, 1956

Ana Dediu – The Four Graces

Sophia & Michael Dediu, Roma, 19 Oct. 2014

Mother and daughter in-law

You know, I have a daughter in-law
Who's more like a sister;
Since I've been on this Earth,
Daughter in-law like her I never saw!

Everywhere on this Earth
All complain of the bad in-laws;
And everywhere you turn,
The daughter in-law does not like the mother!

In my case, since the first time I saw her
She was nice, I liked her!
She is a good wife,
As you yourself choose.

She is also a loving mother,
She cooks tasty meals,

Ana Dediu – The Four Graces

Hardworking a great deal,
All day long on her feet!

She's educated and smart,
A diligent Professor!
Daughter in-law as mine,
No one else has!

As I made it myself
As for my own taste;
And we both are
As two drops of dew!

Seeing you this miracle,
That between us is peace and quiet,
Although newly married,
You boldly declared:
"I see, you like my wife;
I give her full powers
In my place to speak
To do and decide."

"What you see fit
And it would be needful,
I trust her in totality,
I hope that this is settled!"

And all we did together
You liked it very much!
And besides you went in the army,
You've become then Dad!

Sophia was no longer an in-law
How one would say "sour grapes"
But a stern Pupa Ana
What's a big sister!

Ana Dediu – The Four Graces

Ovidiu cooing,
From his mouth came out:
Bu-bu - Bu-bu and Bubic
That instead of a grandfather;

Sophia has spoiled him even more,
Calling him Bubulică!
While we were together
We were in the best relations.

Oh! As you have departed,
Furthermore we became closer;
Even if in another continent,
Binds us together,
Thousands of invisible threads
Between our hearts woven!
We kept in touch through letters
It has been seen thousands of times!
And in the distant continent,
You gave her a free hand;
And your confidence throughout,
Because she never faulted at all.

Michael Dediu, in a car to Brasov, 15 Oct. 2014

Ana Dediu – The Four Graces

Sofia Dediu, pregnant with the first baby (8 months (240 days)), Bucharest, 17 Oct 1966

    She substitutes you
    Even now, and she is good!
    All of you are a little plump
    That's thanks also to her!
    And as often these arrive
    Our hearts cheer up
    The little ones are cute,
    Are fine and delicate,
    And the larger ones
    Are even useful.

    That all these things
    Contain electricity:
    From where they come was "gift"

Ana Dediu – The Four Graces

Where these arrive are is "gift"
And contain as consignment
A dose of "warmth",
Between children and parents
Who are by a long distance separated!
      January 28, 1981

Mihai and Sofia Dediu, (Sofia pregnant 3rd month), just finishing the Faculty of Mathematics, May 10, 1966

Ana Dediu – The Four Graces

Soacra şi nora

Tu ştii, că eu am o Noră
Care-i mai mult ca o soră;
De când mama m-a făcut,
Noră ca ea, n-am văzut!

La centru, la mahala,
Toţi se plâng de Noră rea;
Şi oriunde te-i întoarce,
Nora pe soacră n-o place!

Eu de când o am văzut,
Mi-a fost dragă, mi-a plăcut!
E şi o bună soţie,
Aşa cum îţi trebuie ţie.

E şi mamă drăgăstoasă,
Face mâncare gustoasă,
Harnică nevoie mare,
Toată ziua-i în picioare!

Mai e cultă şi deşteaptă,
O profesoară-nţeleaptă!
Noră bună ca a mea,
Nu mai are nimenea!

Parcă am făcut-o eu
Aşa, după gustul meu;
Şi suntem noi amândouă,
Două picături de rouă!

Văzând tu, astă minune,
Că-ntre noi e-npăcăciuire,
Deşi proaspăt însurat,
Cu curaj ai decretat:
"Văd, cu Nora o duci bine;

Ana Dediu – The Four Graces

Eu îi dau puteri depline,
În locul meu să vorbească,
Să facă să hotărască."

"Ce credeți de cuviință
Și c-ar fi de trebuință,
Am încredere totală,
Că nu mă dați de sminteală!"

Și tot ce noi am făcut
Ție, tare ți-a plăcut!
Ș-apoi ai făcut armată
Ș-ai devenit apoi tată!

Sofica nu mai are soacră
Cum se zice: „poamă acră"
Ci o Pupa Ana are
Care-i o soră mai mare!

Ovidiu a gângurit,
Din guriță i-a ieșit:
Bu-bu-Bu-bu și Bubic
Asta în loc de bunic;

Sofi l-a mai alintat,
Bubulică l-a chemat!
Decând de-aici ați plecat,
Tot așa ne-am împăcat.

Și cu cât ne-am depărtat,
Mai mult ne-am apropiat;
Chiar și în alt continent,
Ne leagă concomitent,
Mii de fire nevăzute
Între inimi sunt țesute!
Legătura prin scrisori

Ana Dediu – The Four Graces

Se vede, de mii de ori!
Şi-n ţinutu-ndepărtat,
Mână liberă i-ai dat;
Şi încrederea ta toată,
Că n-a greşit niciodată.

Roses on the house in Tewksbury, USA, June 2014

Te-nlocuieşte pe tine
Ş-acum, tot aşa de bine!
Toţi sunteţi cam rotofei
Asta datorită ei!
Şi cu cât mai des sosesc
Inima ne-nveselesc
Cele mici sunt drăgălaşe,
Că sunt fine şi gingaşe,

Ana Dediu – The Four Graces

Iar cele mai mărişoare,
Ne sunt şi folositoare.
Că aceste lucruri toate
Conţin electricitate:
De unde pleacă-i „cadou"
Unde ajung este ... „cadou"
Şi conţin o-ncărcătură
Şi o doză de „căldură",
Între copii şi părinţi
Ce-s departe ... despărţiţi!
28 Ianuarie 1981

Trajan's Column was erected in 113 AD in honor of Emperor Trajan (53-117). It is located at the Forum of Trajan, Rome. The column commemorates Trajan's victories in Dacia (now Romania), and is 42 meters tall.

Ana Dediu – The Four Graces

Table of Contents

Editor's Note 3

Preface 4

Chapter 1: Mother's love 9

    I dreamed of you 9

    V-am visat 10

    Dreaming you came back 11

    Am visat că v-ați întors 13

    Lioness 15

    Leoaica 17

    Forever 19

    Pentru totdeauna 21

    I don't know 24

    Nu știu 24

Chapter 2: My grandchildren 25

    Wonderful childhood of my grandchildren 25

    Minunata copilărie a nepoților mei 27

    Unrepeatable adventure at the zoo 30

    Nerepetabila pățanie la Zoo 34

    Waiting to meet them 37

    Așteptarea și întâlnirea 39

    Bistrita 41

    Bistrița 41

    For Bicaz 42

Ana Dediu – The Four Graces

Spre Bicaz	44
The attic	46
Podul Casei	49
The cousins	52
Vara şi verişorii	55
Skiing	58
La schi	59
To Ovidiu	60
Lui Ovidiu	61
To Horaţiu	63
Lui Horaţiu	65
To Aurel - Wishes	66
Lui Aurel – Urări	66
To Aurel	67
Lui Aurel	67
Chapter 3: Love	69
The love is eternal	69
Dragostea e veşnică	72
Eroticism	75
Erotism	75
I have one wish	76
Mai am un singur dor	78
I, also have a wish	80
Mai am şi eu un dor	83

Chapter 4: Nature 85

   The chestnut 85

   Castanul 86

   The linden tree prunned 87

   Teiul retezar 87

   Joy 88

   Bucuria 89

   The Ivy 90

   Iedera 90

   The path 91

   Cărarea 91

   The chrysanthemums 92

   Crizantemele 94

   The forest 96

   Codrul 97

   The storm 98

   Furtuna 100

   Niagara 102

   Niagara 104

Chapter 5: Memories 105

   My right hand 105

   Mâna Dreaptă 110

   The stony walnut tree or rhymes around a photo .. 115

Nucul cel pietros sau rime împrejurul unei fotografii 118
The bookshelf.. 121
Raftul.. 125
Spring Equinox 129
Echinocțiul de Primăvară......................... 133
Overfull of well.. 136
De bine 139
Happiness.. 142
De fericire 143
Memories 144
Aduceri aminte... 149
Dean 154
Decană.. 155
I have one wish 156
Mai am un singur dor............................... 158
Variant: I have a wish 160
Variantă: Mai am un singur dor 162
Wedding anniversary 165
La aniversarea nunții................................ 166
My daughter in-law Sophia...................... 167
Nora mea Sofica....................................... 169
The house you left behind........................ 171
Casa părăsită 173

Ana Dediu – The Four Graces

Orphans 175
Orfani 176
July 22, 1980 177
22 Iulie 1980 177
Thoughts, thoughts, sad thoughts........... 178
Gânduri, gânduri, triste gânduri 179
24, 25 February 1979 180
24, 25 Februarie 1979. 182
Nine hundred and seventy - seven 184
Nouă sute şaptezeci şi şapte 186
Enjoy the wedding 188
Bucuraţi-vă de nuntă 190
Horăţel (35) 191
Horăţel (35 ani) 191
Iassy 192
Iaşi 192
The three celebrated 193
Cei trei sărbătoriţi 193
Sophia 60 Mihai 194
Sofia 60 Mihai 194
Cruelty 195
Cruzime 197
The shooting of the President 199
Împuşcarea Preşedintelui 202

The assassination attempt 205
Tentativă de asasinat 207
Chapter 6: Friends and relatives 209
Tudorel and his baptism 209
Botezarea lui Tudorel 214
Vasile 219
Vasile 226
Didi 233
Didi 235
Silvia 237
Silvia 242
The Four Graces 247
Cele patru grații 252
Last visit at Galați 257
Ultima vizită la Galați 262
Money earned 267
Bani câștigați 268
Long live - Prayer - Anniversary - 10 years 269
Trăiască – Rugă - Aniversare – 10 ani 270
Tribute 271
Toast 271
For Ilie 272
Pentru Ilie 272
G Dana G 272

Ana Dediu – The Four Graces

G Dana G 272

Petrache 273

Petrache 273

An accident that happened by chance 274

Întâmplare întâplăcioasă întâmplată întâmplător .. 278

Mother and daughter in-law 282

Soacra şi nora 287

Table of Contents 291

www.ingramcontent.com/pod-product-compliance
Lightning Source LLC
Chambersburg PA
CBHW042054290426
44111CB00001B/7